cinéma

revue semestrielle d'esthétique et d'histoire du cinéma

automne 2004

cinéma|08

Éditions Léo Scheer
14/16, rue de Verneuil
75007 Paris
Tél. 01 44 55 01 90
Fax 01 44 55 01 91
e-mail : revuecinema@leoscheer.com
Site web : leoscheer.com

Revue publiée vec le concours du Centre national du livre

En couverture : Barbara Loden, *Wanda*.

Sommaire

En supplément : *Bucking Broadway* (1917), de John Ford
DVD inséré dans la page 3 de couverture

La caméra Pathé de Griffith,
Billy Bitzer et Mae Marsh.

Emmanuelle Démoris | Camera con vista

(Chambre avec vue)

> Se retrouver dans un état d'extrême secousse, éclaircie d'irréalité, avec, dans un coin de soi-même, des morceaux du monde réel.
>
> **Antonin Artaud**

À force de miniaturiser les composants, on en est venu à ces minuscules caméras vidéo que l'on tient à la main. Occasion pour l'indépendant de renforcer son autarcie, pour l'industrie de baisser ses coûts de production. Tout le monde est content. C'est une expérience singulière que l'usage de ces machines. Après plusieurs voyages de tournage dans un champ plutôt documentaire, ça fait gamberger. Point de départ.

* * *

La caméra est trop petite pour reposer sur l'épaule. C'est donc la main et l'avant-bras qui la portent. Difficile de relier l'œil à la main. Regarder est un mouvement, qui engage le corps vers l'extérieur mais tire en même temps vers l'intérieur, parfois jusque dans le cou et le dos, le regard tirant sa tension de la poitrine où ça respire. Difficile de loger cet élan dans la main, qui caresse plus qu'elle ne vise. On finit par repousser les nerfs de l'œil jusque dans l'avant-bras et les doigts. On la sent, la pensée qui se déplace dans le corps. Étranges crampes localisées. Les avant-bras et les doigts sonnés en fin de journée. Difficile de devenir une danseuse balinaise.

Seule la main fait corps avec la machine. Plus besoin d'appuyer le visage sur l'œilleton pour empêcher la lumière d'y entrer comme dans les caméras film. L'écran qui se déplie sur le côté de la machine permet même de voir le cadre sans être collé à la caméra. Du coup, hormis le bras droit, le corps jouit d'une bizarre liberté, qui lui permet d'exprimer des choses. De plus, comme la caméra, petite, ne vous cache pas, la personne filmée vous voit. Ça vous donne une certaine marge comme acteur dans le hors-champ. Vous pouvez parler ou bouger. Mais pas trop, pour ne pas compromettre la stabilité de la caméra. Et voici une dissociation dans le corps. Le visage s'anime tandis que la main reste stable. Le rire s'étrangle à la gorge pour ne pas secouer les épaules. La bouche parle mais sans entraîner ces gestes des mains qui scandent la parole. On se retrouve contraint à un drôle de jeu minimaliste dont l'expressivité réduite a souvent pour effet d'entraîner une paralysie semblable chez l'interlocuteur que l'on filme. Alors la main gauche prend le relais. Elle se découvre une vocation rhétorique et assume maladroitement ces gestes refoulés des deux bras et des épaules. Le visage et la main gauche acquièrent une sorte d'autonomie ; ils écoutent, provoquent, accueillent l'événement tandis que la main droite filme. L'écart est constant. La main droite calcule parfois plus. Elle change la valeur du cadre ou isole un détail tandis que le visage continue à parler de tout et de rien ou à écouter sur le même ton. Parfois, le contraire. Le visage fait basculer une situation que la main droite n'a plus qu'à attendre. Cette dissociation travaille en permanence car ce sont là deux distances très différentes à la personne filmée. Le corps expérimente qu'il y a ces deux actions et pensées distinctes, celle qui provoque, met en scène l'événement et celle qui le filme. Ce n'est pas parce qu'un échange se fait à voix basse, en confidence, que l'on a forcément envie de le filmer de près. Ce serait aplatir les distances les unes sur les autres. On expérimente à chaque minute ces décalages comme des pertes d'innocence répétées. Comme à constater que l'on ne fait pas un avec soi-même.

(Peut-être se repeuple-t-on ainsi de l'intérieur pour lutter contre une forme de solitude générée, entre autres, par ces petites caméras. Il n'est pas aisé de faire assumer au corps un travail habituellement collectif. Il y a à résister pour ne pas confondre les distances. Ce n'est là qu'un exemple des formes d'isolement dans le travail qu'engendrent l'informatisation et la miniaturisation. Change la façon dont se déplacent les énergies et les pensées à l'intérieur des corps. C'est vrai dans les bureaux et dans les banques. Mais quand on se prend à mesurer l'ampleur du changement sur la fabrication et la vie d'un film, la déprime gagne. Le cinéaste peut filmer en autarcie, le monteur peut monter seul (le montage virtuel tendant à supprimer l'assistant-monteur) et le spectateur peut voir le résultat tout seul devant sa télévision (ou, pour reprendre un mot de Gilles Jacob, dans un train sur son ordinateur équipé d'un lecteur de DVD...) Et puis, si on rajoute une louche de Benjamin, quelques propos bien sentis sur la perte (moderne) de la faculté d'échanger des expériences, on commence à songer au suicide. Mais ce qu'il y a de remontant dans l'affaire qui nous occupe, c'est qu'il y aura toujours, enfin pour un bon bout de temps, des humains devant la caméra. Et c'est peut-être par là qu'il faut commencer, par ce nécessaire rapport à l'autre, pour combattre le risque de déprime inhérent à la pratique autarcique).

Revenons à notre dissociation. Il arrive donc que la main droite varie, ajuste et anticipe à toute berzingue, tandis que le regard et la main gauche se gardent d'exprimer quoi que ce soit, pas même un signe d'écoute. Vous dissociez et ça se voit. Ça n'a rien de limpide pour la personne filmée qui perçoit la chose et se retrouve dans une situation difficile. Car il est admis tacitement que, puisque vous êtes celui qui parle et filme, votre usage de la caméra doit être solidaire de vos paroles et affects. Un soudain écart vous rend un peu incompréhensible pour la personne filmée, qui se demande pourquoi vous pensez une chose avec la main et une autre avec votre visage. La personne se demande ce qui se passe. Elle peut penser que vous faites n'importe quoi. Ou vous prendre pour fou. Si elle est en train de parler et que soudain vous la quittez pour panoramiquer sur autre chose, elle peut vous regarder avec une certaine inquiétude. Parfois, elle pense qu'elle a failli à sa mission, qui serait de retenir l'attention de la caméra. Un gardien de cimetière au Caire résolvait cet épineux problème en allant systématiquement se mettre dans le champ dès que la caméra le quittait, la scène virant à la partie de cache-cache. Il m'a fallu souvent expliquer les raisons de tel ou tel écart, ce que je n'ai pas eu à faire lorsque nous étions deux (ou plus) pour filmer.

Si l'on est deux (disons un qui « réalise » et l'autre qui filme), il est d'emblée manifeste que ces deux actions sont différentes, celle qui provoque et celle qui filme l'événement. Que ces deux pensées ne sont pas calquées l'une sur l'autre. Et que la fabrication du film procède de ces disjonctions. À concentrer ces deux fonctions sur une seule personne, on tend à identifier mise en scène et filmage. Car le corps de qui filme est perçu comme un bloc univoque chargé de porter d'un seul geste le sens du film. Les expressions de ce corps sont alors interprétées comme des intentions univoques de sens valant pour le film à venir. La panique gagne si la main qui filme et le visage qui exprime cessent d'être redondants. Quelque chose du rapport de confiance est mis en danger. Mais confiance n'est pas le mot juste. Complicité presque. Pas exactement non plus.

* * *

C'est bien la nature de ce rapport que je cherche à préciser car c'est là ce qui est modifié par le dispositif que permettent les petites caméras et leur usage solitaire. Ces décalages entre la présence et le filmage suscitent des questions souvent interminables sur les intentions de mise en scène. D'où un temps d'explication, qui peut être intéressant ou pesant, c'est selon. Mais cet échange modifie la posture de la personne filmée, qui se pose dès lors comme étant à même de décrypter vos agissements et se propose d'en être solidaire, complice. Cette entente est partielle car on laisse de côté le sens qui sera produit au montage. Mais à partager ainsi les intentions de production de sens, on se retrouve en quelque sorte « du même côté ». De quoi ? Cela dépend, les limites se déplacent au gré des rencontres. Ce qui se met là en place est plus un rapport de connivence que de confiance. Une adhésion, une identification, plus qu'un accord global et préalable.

J'avais tourné auparavant en 16 mm et les gens que je filmais posaient moins de questions. On arrivait vite à un accord un peu général. Valeur marchande d'abord. La petite taille de la caméra laisse supposer que vous avez réuni de l'argent pour mener à bien votre projet, donc qu'un certain nombre de gens accordent un certain crédit à cette affaire. Première caution. Ensuite, on vous attribue un minimum de savoir-faire technique, aura de mystère qui vous évite pratiquement toute question relative aux mouvements d'appareil. Une petite caméra proche de celles utilisées pour filmer les loisirs produit une réaction différente. Les gens se fantasment comme étant à votre place. D'où cette demande de partager pleinement et jusque dans le détail les intentions censées être les vôtres. Cela est vrai jusque dans des bidonvilles égyptiens où personne n'a de caméra ; chacun s'y rêve pourtant comme filmant sa propre histoire. C'est le prolongement des albums photos que l'on sort des tiroirs. Nous sommes devenus les journalistes de nous-mêmes. On n'a pas fini d'en mesurer les conséquences et le moins que l'on puisse dire, c'est qu'il y a du boulot pour sortir des jeux de miroir.

Une grosse caméra laisse aussi supposer que vous n'avez rien à cacher, que vous avez toutes les autorisations, morales ou administratives, nécessaires. Une caméra que l'on peut trop facilement et trop vite cacher dans un sac fait de vous un possible voleur d'images, un malfaiteur, un espion déguisé en touriste. Ou alors, elle évoque un dispositif de surveillance,

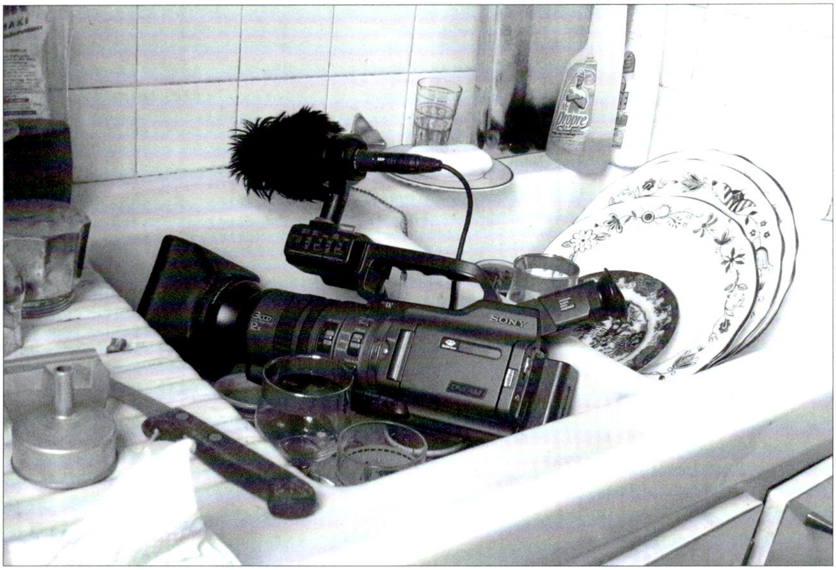

destiné à traquer lui aussi en douce. Les gens savent que tout peut devenir spectacle. C'est plutôt bon signe qu'ils ne se soient pas habitués à ce que n'importe quel touriste filme n'importe quoi, n'importe où et n'importe comment. La petitesse de la caméra fait presque de vous un clandestin. Pour le meilleur ou pour le pire. Pour le meilleur, et s'instaure la complicité. Pour le pire, et vous serez vécu comme un ennemi. La taille de la caméra rend les gens un peu paranoïaques. On les comprend. Brigitte Roüan racontait comment, pour le tournage d'un téléfilm, elle avait caché une petite caméra, afin d'avoir un arrière-plan « documentaire » autour de ses acteurs. Et comme la scène se passait à Pigalle, des gardes du corps, cachés eux aussi, veillaient au grain. Car la découverte de la caméra aurait pu fâcher (et pas seulement la corporation des figurants privés d'emploi mais plutôt les personnes filmées à leur insu). On se demande parfois si la seule différence entre fiction et documentaire ne tient pas à ce que ce dernier ne paie pas ses « acteurs ». Ce n'est pas une boutade. On y reviendra. Car cette frontière-là est en train de se déplacer. Le cas d'*Être et Avoir* en témoigne. En tout cas, on comprend qu'une simple confiance préalable et globale ne suffise plus. Et qu'il faille aller jusqu'à la connivence.

À se sentir ainsi de connivence avec vous, la personne filmée se met souvent à jouer selon ce qu'elle pense être vos intentions, comme pour entrer dans votre rêve. Très vite, viennent des sous-entendus, accords implicites, comme si la petite machine nous liait dans une forme de secret, qui a ses codes. Trop vite, il faudrait se connaître plus. Quand la personne filmée s'essaye à pénétrer votre rêve, qui est déjà pour elle rêve de film, on sent souvent passer à travers elle des images de télévision dans lesquelles elle se projette. Ça installe une curieuse tonalité. Drôles d'intimités immédiates. On prend le ton de la confidence en sachant très bien qu'il y cette caméra qui est là pour transmettre à d'autres personnes. Mais ces tiers restent abstraits car la caméra n'est pas une personne. Aussi la donne est un peu fausse. S'installe un type de jeu mi-vrai mi-faux, qui conserve une part d'intimité du rapport qui s'est établi à vous seul, tout en l'exagérant, en le surjouant, ce qui le vide. Intimité grandiloquente, qui rate autant l'intériorité que la projection de la présence. Au pire, on tombe dans un ton proche de celui des acteurs du *Loft*, qui tentent cet exploit de mettre à nu leur vérité tout en se conformant à ce qu'ils croient être les attentes d'une télévision dont le rêve serait *Hélène et les Garçons*. La présence ainsi offerte ne s'adresse pas à ces inconnues que sont la liberté du cinéaste et celle du spectateur, elle s'offre à un voyeurisme calculé, que l'acteur prévoit et dont il souhaite contrôler le résultat. C'est un ton caractéristique de la télévision. Dire que les gens y sont « en représentation » ne suffit pas à le décrire. Il fait entendre le cocon, ce sentiment que nous sommes dans un espace familier, commun, à l'abri. Mais il a parfois d'étonnantes brèches, moments de grâce, où quelque chose passe, de maladroitement offert. C'est très rare. Peut-être ce ton-là est-il l'aboutissement de ce que Rossellini désignait comme cet effrayant désir d'être « le plus enfantin possible », envers complice de la cruauté vaine du monde. Ça a à voir avec cette idée, que nous sommes devenus les journalistes de nous-mêmes. On entend parfois des Parisiens parler comme ça aux terrasses des cafés. Et ça fait un drôle d'effet. Comme si la télévision avait gagné de l'intérieur. On met du temps à sortir de ce ton-là, à l'estomper, à en conserver parfois des bribes, des moments.

Ce qui aide à torpiller ce ton, en tournage, c'est la présence de tiers. Celui qui cadre, celui qui traduit, celui qui perche [1]. La caméra a beau être minuscule, l'irruption d'un zouave muni d'une perche de deux mètres au bout de laquelle se trouve un micro rappelle les conditions de la représentation et en donne l'espace. Donne un auditeur aussi, un premier témoin. Idem pour les traducteurs dont l'écoute et la présence sont aussi importantes que les mots qu'ils transmettent. On vous questionne moins. Ici encore, on suppose que si vous êtes deux déjà à partager votre rêve de film, c'est que vous ne faites pas tout à fait n'importe quoi. On sort plus facilement de ces paroles qui, voulant entrer dans votre rêve, se prennent aux miroirs du face-à-face. Les présences se font plus offertes. Les corps se redressent, les voix se timbrent, on quitte le murmure des alcôves. On parle plus loin, à un autre imprévisible, à des autres. Il ne s'agit pas d'émettre ici des recettes ou des lois générales, juste de constater que l'intimité du tournage n'a rien à voir avec l'intimité du plan. Ces situations sont des moments. Il arrive de passer par là, par ces tiers, pour revenir au rapport seul à seul, au face-à-face, transformé.

[1] Limite du tournage autarcique : le micro doit souvent être plus proche que la caméra car la distance du son n'est pas celle de l'image. À aplatir ces distances, on en arrive à cette grammaire un peu triste qui fait alterner des gens parlant en plans serrés et des plans larges où les corps se déplacent sur fond de sons d'ambiance.

On peut chercher comment sortir des méandres de la connivence, il n'en reste pas moins que l'on doit faire avec ce durcissement global de la posture des personnes filmées, promptes à se déclarer complices ou ennemies. Ce qui se rigidifie là, c'est la distance entre qui filme et qui est filmé, c'est-à-dire l'ensemble du rapport, les deux postures. Et ça affecte les films. Pierre Carles a su jouer de ces extrêmes pour en faire un genre. La caméra tour à tour joue la connivence (avec Bourdieu, par exemple, plus complice que personnage du film) ou la refuse pour jouer « en contre » en se cachant, en piégeant ceux qu'elle filme (comme dans *Pas vu pas pris*). Ce que ces films proposent, c'est une connivence du filmeur au spectateur, tour à tour contre ou avec les personnes filmées, les incluant ou les excluant selon qu'elles sont appréciées ou méprisées. On ne peut pas dire que ces injonctions laissent une grande place à la liberté du spectateur. Un peu caricatural mais instructif sur le procédé. Cette rigidification des postures touche un champ plus large que celui du film autarcique à petite caméra. Voir *Bowling for Columbine*, plus fin que Carles, où la connivence se joue en permanence avec le spectateur contre la plupart des gens filmés. À l'exception de la séquence avec Marilyn Manson qui fait brutalement un appel d'air au beau milieu du film, qui l'éclaire.

* * *

À l'autre bout, il y a le ton de la connivence chaleureuse, intime et familière, fusionnelle parfois. Il est un fait que ce type de connivence s'installe plus facilement entre les membres d'une même caste. Et comme le lien social tend à se désagréger, ça finit par se limiter au champ des proches et de la famille. Comme si l'on ne pouvait plus filmer que « son » monde. Exemples parmi des centaines : le journal intime de Cabrera ou l'enquête familiale de Lapiower, qui, toutes deux, présentent « leur » monde (amant et enfant, ou famille), celui dans lequel elles vivent, où les personnes filmées sont de connivence avec leur projet (la famille est solidaire du désir filmique et social d'un de ses membres, ce qui dissipera sans doute l'inquiétude devant un mouvement de caméra). Avec l'usage des machines miniaturisées, le premier champ de connivence qui a été envahi par le documentaire, c'est celui de la famille, figures tutélaires des ascendants avec lesquelles le réalisateur est en connivence maximale (même si c'est donné comme tordu, névrotique et tout ce qu'on veut). On a croulé sous les découvertes de parents et de grands-parents. On filme sa caste et son héritage culturel, économique ou historique, au plus proche. Il est paradoxal que ces explorations en milieu fermé aient souvent été données comme des brèches ouvrant des minima d'expérience partageable, recollant quelque chose du lien social. Pas indifférent non plus que cette mode se soit développée depuis une dizaine d'années, alors que l'engagement politique bat de l'aile. C'est une des vertus de *The Yards*, le très beau film de James Gray, que de montrer comment le capitalisme sauvage, libéral et mafieux, joue et défait les alliances jusqu'à ne conserver comme protections et valeurs que les seuls liens du clan familial. Les cinéastes documentaires ont semblé un temps être devenus des fils ou filles, héritiers rebelles ou dociles, absorbés par l'origine, comme seul engagement possible au milieu du désert, le « devoir de mémoire » venant donner des lettres de noblesse citoyenne à la valorisation de l'héritage privé. Combien de guerres, mondiales ou non, passées à la moulinette par cette mémé, héroïne insoupçonnée qui me faisait des confitures quand j'étais petit… Parfois héroïques, parfois pathétiques, ces tentatives pour faire coïncider la grande et la petite histoire sont devenues une recette dans la grille du documentaire télévisuel. Dans le mille de ce par quoi Daney caractérisait la télévision : l'alliance du monumental et du domestique. Une recette à tel point que l'on pourrait imaginer d'en faire un exercice imposé des classes de cinéma dans les lycées. Peut-être est-ce déjà le cas. Le forçage de la coïncidence est souvent douloureux. Tous ces ascendants semblent craindre de finir comme Fabrice loupant magistralement l'Empereur à Waterloo. C'est pourtant une posture assez réjouissante et libérante face à la grande Histoire. Mais si la mémoire devient devoir, je m'engage solennellement à faire un film sur la Commune de Paris à travers l'expérience vécue et authentique de mes chers parents. À moins qu'ils ne se souviennent mieux de la nuit du 4 août 1792.

Souvent le destin ou la personnalité de mémé n'ont rien de bien passionnant. Mais l'émotion ou l'intérêt tiennent moins à l'objet du film qu'à la place du narrateur, qui, bien marquée dans l'énonciation, souligne le travail de connivence effectué par le cinéaste avec son ascendant. Ce qui donne du poids, ce n'est pas ce que dit telle ou telle grand-mère, mais que ce soit son petit-fils ou sa petite-fille qui soit en train d'obtenir cette parole-là, mettant en scène les silences, interdits ou pudeur qui se brisent (quel courage il a fallu pour lui poser cette question ! comme mémé aime bien son petit-fils !). Même observation sur le champ de l'histoire dite petite. L'amant ou le fils de Cabrera n'ont en soi pas un grand intérêt. Ils donnent surtout à voir leur malaise devant la caméra. Mais c'est justement là ce qui produit une certaine émotion. De compassion, d'admiration ou d'exaspération devant cette entreprise de la cinéaste qui s'entête à mettre ses tripes et son entourage sur la table. Et nous prend en otages de cette connivence à laquelle elle nous convie. Au cœur de ce désir fou d'être le plus enfantin possible. On y opposera la première personne des journaux de voyage de Stendhal, lui qui disait l'utiliser pour « aller plus vite », qui allait jusqu'à s'inventer en guise de préambule une identité et un nom de pacotille. Loin des « moi-je » valant par leur vécu donné comme authentique.

Que l'identification proposée au spectateur se fasse plus avec l'intériorité de qui filme, avec l'aventure et les moyens du tournage, qu'avec les personnes ou situations montrées, cela change aussi le discours sur les films, c'est-à-dire les champs du discours critique, de production et de diffusion. Le film de Lapiower est volontiers raconté comme l'aventure de la jeune actrice-réalisatrice auprès de sa famille, plus que ne sont évoqués les témoignages des personnes. On tombe dans la caricature avec *Love and Diane* de Jennifer Dworkin, film intéressant au demeurant, dont la présentation par voie de presse ne faisait que raconter comment la réalisatrice a côtoyé, à des titres divers et pendant plus de dix ans, la famille qu'elle a filmée. Mais le film n'a rien à voir avec cela. Tourné sur un an et demi environ, il raconte comment une jeune mère séropositive tente de récupérer son enfant, que les services sociaux lui enlèvent. *Ladybird*, somme toute. (Problème courant : dès que vous racontez une anecdote qui vous est arrivée lors du tournage d'un film documentaire, on vous dit que c'est justement cela qu'il faut filmer, que ce qui vous arrive est bien plus intéressant que l'objet que vous avez choisi et face auquel vous avez pour votre part la politesse de vous faire un peu ombre. Je ne partage pas ce point de vue.) Cette valorisation de l'expérience vécue du cinéaste va souvent de pair avec une valorisation aussi de sa solitude, donnée comme un moyen de « risquer plus » Comme je l'ai dit plus haut, cela ne correspond pas à mon expérience, à moins de tenir le risque pour l'art de faire des sauts périlleux dans un cocon.

Misant ainsi sur l'aventure et les moyens du tournage, la rhétorique de la mise en scène se fait un devoir de rendre visible le processus de fabrication du film en jouant d'« effets de réel » (plus justement définis par Marc Chevrie comme « effets de brut »), censés montrer que l'urgence, la tension et l'accident se trouvent du côté de celui qui tourne. Véritable plaie de ces dernières années, la caméra qui tremble représente le bas de gamme de cette grammaire des accidents. Où figure aussi en bonne place l'adresse du protagoniste du film au réalisateur, censée attester l'authenticité de la situation. Où le moindre décadrage devient scoop car il témoigne d'un imprévisible vacillement de qui filme et raconte. On est au cirque devant l'événement avec lequel le cinéaste nous montre bien qu'il ne triche pas. Le format mini-DV semble être devenu le label de cette posture ; on dit en ce cas que le support est adéquat au sujet. Ce que la mise en scène vise là, c'est la tension propre au direct, particulière en ce qu'elle joue d'une urgence permanente, censée garantir l'unicité de l'événement et propre à capter à chaque seconde l'attention du spectateur, pris en otage d'un suspense calculé. Ce genre de chantage a commencé avec les larmes sur les plateaux des *reality shows*, où l'animateur cherchait notre connivence pour nous donner à partager son attente. Ici l'attente se partage avec celui qui tourne, qui nous offre sa connivence, ses secrets. On retrouve la règle de base de la télévision : mettre le spectateur dans la confidence, ici celle de qui filme. En savoir plus que les gens montrés à l'écran et attendre le dénouement de ce savoir. Cette forme de « suspense permanent avec le réel » est bien l'arme de la télévision, qui a trouvé cette charge émotionnelle dopante pour clouer le spectateur dans son siège, le cinéma jouant moins cette carte car il table sur un spectateur qui a choisi de rentrer dans la salle et d'y rester un moment. On peut se demander ce qui reste de la liberté du spectateur à ce jeu. La télévision est faite de chaînes. Lars von Trier a parfaitement compris le profit que l'on peut tirer de ce type de rhétorique au cinéma. *Les Idiots* est un modèle du genre, qui décline bien l'éventail de ses figures.

(Dans le champ documentaire, le chantage à l'effet de réel atteint ses sommets quand il y soumet le choix de son sujet et les corps qu'il filme, convoqués pour garantir que l'on ne triche pas. Des docu-soap montrent des gens qui maigrissent au fil des mois. L'érection, censée être la garantie suprême du non-mensonger – mais on a ici sous-évalué l'influence du Viagra – travaille curieusement plus le cinéma de fiction. En documentaire, cette figure s'apparenterait peut-être trop visiblement à de la télé-réalité. On n'en est pas encore à l'ethno-porno. Je crois que je préfère encore les vraies femmes à barbe dans les baraques foraines. Repenser à Pollet. Bouffée d'air au souvenir de *l'Ordre.* Où après avoir filmé, en noir et blanc, le visage insoutenable du lépreux, la caméra panote violemment vers le micro qui enregistre ses paroles au-dessus de sa tête. Refus de la prise d'otage et rappel des conditions de la représentation.)

En gros, se développe une mise en scène vériste des effets d'énonciation, qui confère au cinéaste une plus-value émotive et artistique dans la mesure où il se signifie ostensiblement comme auteur à l'intérieur du récit. D'où un tour de passe-passe autour du terme « auteur », qui change confusément de sens. Grossièrement, on part de l'idée qu'une « politique des auteurs », menée par les *Cahiers du cinéma*, a fondé l'usage du terme en posant que des réalisateurs travaillant dans et pour l'industrie cinématographique pouvaient faire œuvre d'auteur en vertu de leurs choix de mise en scène, sans aucun lien avec la revendication (ou non) par l'auteur d'un statut noble, proche de celui de l'artiste ou de l'écrivain. Or on est arrivé à cette position radicalement inverse, où l'auteur est identifié comme tel dans la mesure où il se met en scène dans sa fonction et la rappelle par des effets d'énonciation et de signature. De Ford ou Hawks à Cabrera en passant par Cassavetes. Et des films comme *Sans Soleil* de Marker, films en première personne, qui avaient le charme léger de « caprices » ou de « fantaisies » libres dans des trajectoires de cinéastes, sont devenus une figure de style obligatoire, éculée déjà au point de devenir la règle de commandes et de cases télévisuelles. Dans cette nouvelle catégorie, peu importe que le corps du film soit constitué de courtes séquences dignes du journal télévisé, le film sera dit d'auteur si une voix *off* en première personne l'accompagne, qui exprime les doutes et contradictions, douloureuses de préférence, de l'auteur.

Heureusement, la figure de style vieillit déjà et la mode commence à lasser. Mais cette posture de l'auteur, encore valorisée à travers une part du discours critique, reste au centre des exigences des diffuseurs, ce qui pose parfois quelques problèmes quand on fabrique un film. Que le cinéaste fasse ostensiblement œuvre d'auteur, cela fait partie des demandes (ou commandes) du marché. C'est ce qu'il doit garantir. Ce qui se joue là, c'est une manière de rendre prévisible un film documentaire. Cette manière a des incidences lourdes sur les films. Elle se décline. Il y a plusieurs voies.

Déjà évoqué, le récit en première personne, qui assure une bonne unité prévisible du film. Les états d'âme de notre auteur seront au premier plan et pour peu que l'on connaisse le bonhomme, on voit à peu près la direction que prendra le film. Si de plus l'auteur filme ses proches, il les connaît suffisamment pour savoir un peu comment ils vont réagir. Il n'est sans doute pas très fréquent que votre grand-mère vous balance la caméra à la figure… La seconde voie proposée est celle du fameux « point de vue », fort, personnel, que l'auteur va assumer sur son sujet, et qui va permettre de déterminer avec certitude le sens du film, en amont depuis ses intentions, jusqu'au film fini. C'est encore une prééminence de l'auteur, son surplomb vis-à-vis de son objet, qui garantit la prévisibilité du film. « Point de vue » reste un mot plutôt gentil et assez noble. Pour un peu, il serait flatteur que l'on vous prie d'en avoir un. Mais très vite, et c'est sensible autant dans le discours critique que dans celui des diffuseurs, on glisse vers la « position morale », de là au « vouloir-dire » puis au « message ». Ici encore, les concepts de la Nouvelle Vague ont opéré un retournement tragique. De Moullet à Rivette, puis de Rivette à Godard, la « morale qui est affaire de travellings » (puis vice-versa) a gagné le discours courant en se vidant de son sens. Tout le monde finit par dire que Pontecorvo a commis le crime de banaliser les camps de concentration en faisant un travelling dramatisant et voyeur. Mais personne n'a vu *Kapo*… Certes, il n'y a pas grand-chose de plus à dire de ce film surtout moyen. Mais on a figé cette habitude de résumer la supposée morale d'un film en stigmatisant une figure de style qui devient son symptôme. On en vient ainsi à postuler que les dispositifs filmiques sont des machines prévisibles destinées à produire des positions morales, ou plutôt *une* morale, celle du film. Se rêve ici une recette magique qui ferait coïncider les intentions et les actes cinématographiques, et qui délivrerait du message comme en un chapelet de saucissons. Comme la recette n'existe pas et que l'analyse filmique n'y suffit pas, on convoque souvent une « morale » explicitement énoncée par le cinéaste (en interviews ou notes d'intentions) dont on conclut froidement qu'elle se dégage du film... Il est de toute urgence de relire Sartre et l'analyse qu'il fait du « message », précisément inventé pour neutraliser la littérature. Qui n'est ni univoque ni intentions de signifier. Qui se constitue de la rencontre entre la liberté de l'écrivain et celle du lecteur. Qui dira le « message » d'*Amère Victoire* ou de *Morocco* ? On s'habituerait à ce qu'un film ne soit qu'une idée alors que l'on est en droit d'en attendre à chaque séquence et à chaque plan. Qui dira le « message » de *l'Ordre* ? Les plans du film restent dans la mémoire. Visages ou paysages, ils donnent un espace de liberté au regard. Ils m'ont fait voir, c'est-à-dire penser, d'une façon à jamais nouvelle cette frontière censée séparer les malades des valides. *Bowling for Columbine* est plus univoque. La thèse reste, les plans s'oublient.

Je ne trouve pas mieux que les termes sartriens. Poser qu'un cinéaste fabrique un film en fonction d'un « message » prédéterminé, c'est interdire que ce film soit l'expression de la liberté du cinéaste s'adressant à la liberté du spectateur. Y ajouter, en documentaire, la liberté de la personne filmée...

Ce qu'on voit là à l'œuvre, ce sont les nécessités du marché. On les comprend, les diffuseurs. Ils ont l'audimat au cul. Le spectateur peut zapper. Pour l'accrocher, il faut prévoir. Dans le détail et les grandes lignes. De l'urgence (pour faire attendre la minute suivante) jointe à du suspense (pour faire attendre la morale finale), c'est encore ce qu'on a trouvé de mieux. La demande de prévision est devenue telle en matière de films documentaires que l'on voit fleurir des stages destinés à apprendre aux cinéastes comment rédiger le dossier magique qui donnera ces garanties prévoyantes propres à convaincre (le terme exact est « rassurer ») un diffuseur. Je me suis renseignée. On vous promet des *coaches* qui vont vous *briefer* pour vous aider à « défendre » votre projet à coups de « thèmes et enjeux ». Ça délire sec au royaume de l'argumentaire professionnel où l'on conclut qu'il s'agit, en bref, de *pitcher* votre film. Je crois que cela vient de pichenette. On ne voit pas trop cette fois ce qu'il peut rester de la liberté de création à ce jeu-là. Peut-être une vague personnalisation du message, ultérieure et secondaire. Il n'est pas sûr que, même du point de vue de la rentabilité du système, ce calcul de prévisibilités soit le bon.

(Peut-être est-ce contre cela que je tiens à filmer ce quartier du gebel de Gabbari à Alexandrie. Il résiste. Tout y est si précaire que nul ne peut prévoir le futur même proche. Quand j'ai fait part aux habitants du quartier de ces exigences de prévisibilité qui m'avaient été posées, ils ont éclaté de rire. Eux-mêmes ne sont pas en mesure de savoir ce qu'ils vont faire demain. Ils savent que cela fait aussi partie du film, de ce qui m'intéresse. J'ai beaucoup parlé avec eux de ce qu'est un film dit documentaire. La télévision égyptienne n'en diffuse que rarement. J'ai dit qu'il n'y aurait pas de voix *off* pour guider le récit. Ils m'ont dit qu'en ce cas, le film ne serait pas un documentaire mais une « histoire normale », avec des person-

Abbas Kiarostami, *ABC Africa*.

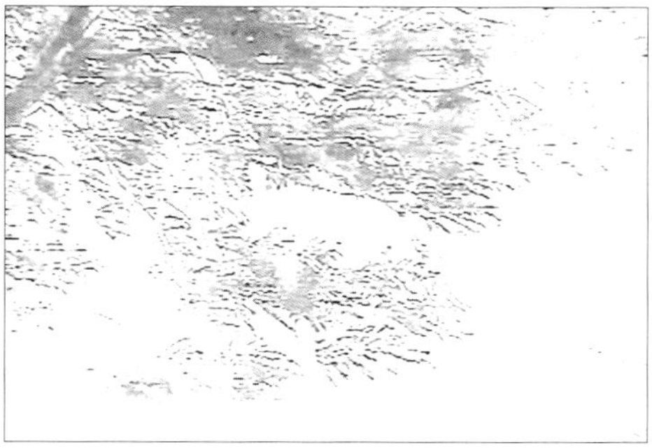

nages, et tout, et tout. J'ai eu beau faire, ils n'en ont pas démordu. Leur obstination m'aide à penser, quand je me retrouve ici avec les moyens de mon bord.)

Cet écrasement des films sous un message ou un « point de vue *sur* le monde » a affecté un autre concept. Je veux parler du « réel », brèche libératrice qui sortit autrefois le cinéma des figures figées des studios. Car il est aujourd'hui convoqué pour désigner cette conjonction de la nécessité morale (il faut diable que le cinéma parle du monde, du vrai monde qui nous entoure) et de la mise en scène vériste [2] des effets d'énonciation (ce tremblement du direct et ce privilège qui nous est donné d'assister à son urgence et son intimité). Cette conjonction est devenue un des ingrédients de la recette de l'industrie qui veut du cirque. Dans le cinéma de fiction, l'« arrière-plan documentaire », garantie de « réel », est devenu une tarte à la crème, tout aussi conventionnelle que les anciennes formes des studios. Somme toute, ça se répond. Plus on intensifie à dessein le caractère urgent, sauvage et brut de ce réel, plus on aura besoin d'une morale pour l'ordonnancer. Face à ce monde chaotique, qui n'attend pas, le film va nous aider à penser. Chouette alors.

Les ostensibles surplombs de l'auteur en documentaire vont nous donner ces clés soulageantes. Nous mettre à l'abri. Protégés que nous serons par la confidence d'un auteur qui nous fait découvrir « son » monde. Ou par son « point de vue » qui ordonne pour nous ce monde hélas si disloqué. Protégés, sauvés, du désordre du monde. Pour un peu, on se dirait que les films ont une utilité sociale. Et *la Chartreuse de Parme,* alors, ça a quelle utilité ?

Si l'on quitte ces deux voies ouvertement subjectives de la première personne ou du « point de vue », c'est aux sciences humaines que l'on va demander de se porter caution du réel montré. Autre surplomb, tissant les causalités entre les événements ou autorisant des généralisations à partir de faits montrés qui deviennent des cas. Universalité, dira-t-on. C'est un des mots que l'on entend le plus dans les bureaux des télévisions, toutes chaînes confondues. On recourt à l'anthropologie ou à la sociologie, plus qu'à l'histoire. Les événements ne sont plus convoqués que pour illustrer thèmes et intentions. Et l'enfer en est pavé. Je pense à la colère d'Eastwood qui fait dire à son personnage de *poor lonesome* journaliste en lutte contre sa direction éditoriale : « *Issues have killed facts.* » Il veut la caser son histoire de Noir injustement condamné à mort. Et elle n'a de sens que s'il rentre dans le détail sans l'écraser sous un thème, « violence dans les banlieues » ou autre. Mais sa direction exige du thème. Il n'y a plus de place pour les faits.

***

Que le projet documentaire soit très majoritairement encouragé dans la mesure où l'analyse qu'il propose des événements les précède et les surplombe affecte aussi la fabrication des films. On parle à présent de *casting* lorsqu'il s'agit de trouver des personnes à filmer (« personnages » dit-on), qui correspondent aux hypothèses du sujet prévu. La question est dès lors légitime de savoir s'il faut rémunérer une personne convoquée pour incarner un thème préétabli. C'est là que blesse *Être et Avoir.* Philibert a dit les mois qu'il lui a fallu pour dénicher l'oiseau rare collant à son idée. On peut imaginer. Car la mission de l'instituteur n'est pas simple. Interviewer, il relaye la mise en scène en amenant les enfants à la confidence, parfois jusqu'à les faire pleurer devant la caméra. Il doit aussi incarner avec bienveillance le thème de l'autorité nécessaire, ce qui n'est pas du gâteau. Il n'est sans doute pas facile de trouver un instituteur qui, avec bonhomie et sourire, punit l'enfant dénoncé et non le camarade qui le dénonce, prône la « solidarité du village », du terroir, contre le monde (inconnu donc hostile) de la ville, et affirme tout de go que « ici, c'est moi qui commande ». Ça peut faire frémir. Ça peut aider à imaginer la France de Vichy. Mais c'est du solide. Le type ne dévie pas de sa ligne. Il la tient, sa classe, dans l'exercice à la fois pédagogique et filmique. D'où ces enfants dévitalisés, casés, intégrés au dispositif mis en place par le réalisateur et l'instituteur-animateur. Au terme d'un tournage plutôt court, ce que ce dispositif produit, c'est un film qui tient son thème en exerçant, avec l'acteur, un contrôle sur les événements filmés, en les ordonnant selon le fameux « point de vue » de départ, qui se trouve correspondre *grosso modo* aux positions idéologiques énoncées par l'instituteur – dont on voit à l'écran qu'il est soucieux de la cohérence de son thème, qu'il prend comme une noble tâche sa participation complice à la mise en scène et le contrôle qu'elle lui confère [3]. (On ne pleurera pas sur les conflits d'intérêts actuels, qui n'étonnent guère au vu de l'idéologie populiste, même pas de gauche, du propos.)

Mais ces ordonnancements du monde opèrent aujourd'hui des raidissements plus inquiétants. Ces diverses manières de surplomber l'objet documentaire ont en commun de définir une posture d'énonciation où un nombre limité de personnes prétendent détenir la vérité. Et c'est en se fondant sur cette posture que les documentaires tendent massivement à proposer des cases où les gens sont répartis par groupes ou castes (« ma » famille, les fabricants de tapis, les Dogons et les Bretons). Pour revenir aux sciences dites humaines, je souscris ici au reproche qu'adresse Peter Brook aux anthropologues de considérer que chaque geste, coutume ou forme d'expression est un signe codifié appartenant à une culture en particulier et à elle seule. Il ajoute que la bouche qui embrasse ou le nez qui se frotte peuvent être des conventions enracinées dans des environnements spécifiques, tout ce qui compte c'est la tendresse qu'ils expriment. Plus loin, il ajoute que le théâtre est à cette place où il peut nous ouvrir à une vision plus large que celle où « notre terreur de l'indéfinissable » nous fait croire que tout comportement humain vient d'un conditionnement génétique ou social. Je crois que le cinéma documentaire a à voir avec cette place-là, ce qui suppose qu'il ne soit pas terrorisé par l'indéfinissable. Et qu'il dépasse l'opposition binaire entre le monde de la connivence (« mon » monde, au secret duquel je vous convie) et son envers complice, celui du monde comme tout « autre » (tout ennemi, s'il se pose en contre, ou tout différent, s'il fonde son regard sur la « différence » comme constitutive). Or il y a là une urgence, qui concerne très brutalement le documentaire. Car une sorte de vaste incompré-

| [2] J'insiste sur vériste, car ce type de procédé n'a rien à voir avec quoi que ce soit qui ait pu être qualifié de réaliste dans le cinéma. | [3] On mesure la fonction de contrôle de la figure de l'instituteur en y opposant des présences d'acteur-metteur en scène évoluant dans des champs documentaires comme *Route One/USA* ou *Iracema*, présences qui ouvrent des espaces de liberté et de jeu aux événements, sans les diriger et sans énoncer une morale censée se dégager du film.

hension monte depuis quelques années entre différentes zones du monde. Et il est effrayant de voir comment le flux télévisuel l'encourage en produisant des clichés construits sur la différence, nationale, ethnique ou religieuse. Réduisant les personnes montrées à ces déterminations. Je l'ai remarqué au cours d'enquêtes dans le bassin méditerranéen. Toutes classes confondues, chacun généralise à qui mieux-mieux sur ces différences et groupes. La représentation de l'autre que l'on ne connaît pas par l'expérience directe passe à 95% par les images télévisuelles, qui répartissent et isolent ces « autres » selon des critères que l'on dit identitaires. J'ai toujours éprouvé une certaine méfiance pour cette notion d'identité, réductrice, figeante. Son usage actuel m'effraie. Ghettos et masques. Commencer par admettre que chaque être humain a autant d'identités que d'atomes.

Eh bien, me direz-vous, si vous n'aimez pas les causalités des anthropologues ni les catégories des sociologues, si vous n'aimez pas les voix *off* de narration en première personne, si vous n'aimez pas les films de dénonciation, si vous n'aimez pas les effets de brut, allez vous faire… Que nenni. Aucun procédé n'est mauvais en soi, on ne le répétera jamais assez. J'ai voulu désigner comment certaines postures ou procédés se rigidifient aujourd'hui, dans le contexte de production actuel, en lien aussi avec les nouvelles machines que nous utilisons. Mais ces raidissements appellent des contre-positions tout aussi fortes. Je pense à des films où qui filme varie sa distance à son objet, donnant dans ces variations la liberté au spectateur de s'emparer de l'événement pour en faire sa lecture. Je pense à la valse de Chopin, insistante, à l'arrière-plan sonore de l'interview d'un couple d'Américains fanatiques dans *De l'autre côté.* Elle les rachète et les met à distance tout à la fois. Incroyable à quel point cette valse reste et insiste, à quel point aussi elle fait rester dans la mémoire ce couple *à la fois* inadmissible et injugé. Ça rend moins triste que la connivence surplombante de Michael Moore. Ça joue sur la durée dans le plan. Évidemment une façon de résister aux flux, de prendre le temps. Mais ça ne suffit pas, ça n'est pas une condition *sine qua non*. Pas un axiome. Juste une arme, entre autres, dans la résistance.

Il n'y a pas que la durée chez Akerman. Il y a ces mini-variations perpétuelles de la distance. Ou encore double distance, à la fois dedans et dehors. Ces déplacements sont possibles parce que ça insiste sur les objets, travellings sur la frontière, lapsus, corps, voitures. À insister, à déplacer ces objets, ça les resitue dans un autre milieu, ça les reconditionne. Pour reprendre les termes de Franju, ça les dépouille de leur forme ornée, pour leur faire retrouver leur qualité d'objets. Les faire *voir*. Même mouvement que chez Pollet. Jamais *vu* une frontière comme ça. À l'inverse de Moore où la masse des personnes et des paroles crée un tourbillon, ici ça filme finalement peu de choses. Mais ça insiste sur les paysages et les personnes. Si on n'aime pas, on appelle cela complaisance. L'insistance fait résister, fait varier les distances et laisse au spectateur la place et le temps d'y trouver la sienne propre.

Même veine, sans mauvais jeu de mot, sur le personnage de Vanda filmé par Pedro Costa. On n'en finit pas de voir cette fille dans sa chambre, monologuant, se droguant, malade. Et la distance change. On va au bord de la connivence mais aussitôt, ça reprend ensuite des kilomètres. Vanda n'est pas « son » monde, le monde de Costa, dont il nous ouvrirait la fenêtre, mais un bout imprévisible du monde auquel il est confronté et réagit diversement. Il ne joue pas à être comme elle, n'imite pas son état d'ivresse. Il est en face d'elle. Juste là.

D. W. Griffith, *Female of the Species.*

Fixe. Avec des distances multiples. On le sent, lui, Costa, le type qui fait ce film, parfois tout proche de Vanda, alors que la caméra est un peu plus loin, fixe. Il n'y a pas besoin que l'on entende ou que l'on voie ledit Costa. Au contraire, son absence fait exister la fille, lui rend hommage. C'est long et violent comme le temps d'une rencontre. Le temps qu'il faut aussi pour changer notre regard, lui ôter les masques généralisateurs de la « fille des bidonvilles », de la « droguée » ou de la « marchande de légumes ». Vanda est filmée pour ce qu'elle est dans une situation créée, donnée et présente, non pour ce qu'elle pourrait incarner comme thème dans son « milieu ». Ce qu'elle dit est « dialogue », en situation, et non discours. Et puis, il y a un moment sidérant où Costa fait des kilomètres, jusque presque au surplomb. Vanda dit qu'il est interdit désormais d'apporter des fleurs naturelles au cimetière. On a le droit, dit-elle, de n'apporter que des fleurs artificielles. C'est le seul moment où Costa sort du quartier, pour aller filmer le cimetière. Un panneau indique qu'il est interdit de déposer des fleurs artificielles. Et pourtant le film n'installe aucune connivence avec le spectateur dans le dos de Vanda. Comme quoi, ça n'est pas mécanique. On a l'impression que Costa désigne une donnée du jeu entre Vanda et lui, et non une supposée vérité sur elle. Je ne m'explique pas complètement ce moment ni pourquoi il y a une telle générosité à filmer ce panneau.

Vanda n'est pas réduite à un thème ou une identité. Ça nettoie le regard trop habitué à voir ou à filmer des gens réduits à une fonction. Celle de la profession, souvent. Quand on montre des images documentaires, on vous demande souvent : « Et qu'est-ce qu'il fait dans la vie ? ». La vie est-elle donc là ? Sans blague. Je me souviens d'être allée enquêter, en repérages, auprès de prostituées rue Saint-Denis. L'enquête portait sur la répartition des territoires dans Paris la nuit. Elle ne concernait pas que des prostituées. L'une d'entre elles, blonde et plus toute jeune, m'a dit qu'elle acceptait de discuter, mais à la condition que je ne la questionne pas sur son travail. Elle me disait que si j'allais voir François Mitterrand, par respect, je ne lui demanderais pas ce que ça lui faisait d'être président de la République, que je commencerais par lui demander son avis sur quelque chose d'intéressant. Ça m'est resté.

Variations dans la distance, libertés offertes, *De l'autre côté* ou *Dans la chambre de Vanda* laissent une opacité à ce qu'ils montrent. Ne font pas croire que l'on voit tout d'une personne ou d'une situation, ni que ce que l'on voit est parfaitement digeste et interprétable. Je verrais comme paradigme de cette posture la figure de Monteiro, insistant au plus haut point sur lui-même et variant follement les distances, passant de la connivence à la totale étrangeté à soi-même. Et cette variation me laisse l'espace et la liberté nécessaires pour lui répondre, lui parler. Le plaisir pour moi des films de Monteiro est celui d'un dialogue. Quand je les vois, je pense très vite, associe et lui réponds, au point de perdre le fil, de devoir revoir le film. Pour le voir en entier. Je parle, intérieurement, tout au long des plans. Et je ne sais qui de nous deux parle le plus. Pourtant, il a la langue bien pendue.

Akerman-Costa-Monteiro. Leurs variations libres de la distance passent par une utilisation brutalement lyrique de la musique. Peut-être déjà Rossellini a-t-il ouvert la voie avec son Renzo de frère musicien. Valse de Chopin. *Il est mort le soleil* sur l'ambiance d'ouverture de *Dans la chambre de Vanda*. Il fallait oser. Monteiro, lui, se paie *Bella ciao*. Ça y va. Sans pudeur. Fleur bleue, à fond. Et ça l'emporte.

Je pense aussi à l'*Iracema* de Bodanzky ou à la chronique de Suleiman. À *Vers le Sud*, de van der Keuken. Pour ses distances changeantes au fil du voyage. Pour sa façon de montrer les personnes avant quelque détermination sociale ou nationale. On commence par ne pas savoir d'où vient la belle femme âgée à la couleur de peau indécidable. C'est en route, en l'écoutant, que l'on découvre un bout de l'Érythrée. Elle est d'abord cet être humain, ce corps et cette présence. Et se crée ce sentiment physique que nous sommes, elle et nous, dans ce même monde [4].

Il y a des films comme ça, qui ouvrent des espaces de rencontre et d'échanges entre le spectateur, les personnes filmées et le cinéaste. Des films où la liberté de chacun en appelle à celle de l'autre, sans que l'on rassure à coups de connivence ou de surplomb. Ça se rencontre en fiction ou en documentaire, peu importe. Dans le documentaire, quand il y reste quelque chose de ce mouvement vers le monde que Flaherty jouait avec son Nanouk d'esquimau. Keuken encore. *Face Value*. L'œil de Keuken de la séquence d'ouverture répondant à celui de Monteiro à la fin de *Va-et-vient.*

Je pense aussi aux documentaires de Pasolini, qui, à l'inverse de la démonstration sociologique, pose ses hypothèses sur le monde, puis montre comment ce monde le désavoue et lui résiste. Les Africains réfutent ses hypothèses sur la valeur métaphorique de l'Orestie dans l'Afrique des années 1960. L'Inde résiste à la légende qu'il veut y mettre en scène. Israël n'a rien à voir avec ce qu'il rêve de la Terre sainte. Chaque film creuse l'écart entre le monde et le cinéaste, montrant autant la réalité de l'un que le rêve tenace de l'autre. Au spectateur de recoller les morceaux. D'où une sorte de malaise qui explique peut-être les très violentes réactions de rejet lors de la présentation de ces films à Lussas il y a trois ans.

Je pense à ces films que j'aime, à leurs espaces de liberté, et je me demande ce qui les rassemble. Je m'étais réjouie, il y a quelques années, de voir apparaître et valorisée la catégorie cinématographique de l'essai, souvent aux marges, poétiques ou métaphysiques, du documentaire. Mais souvent, des films donnés comme tels n'ont fait que jouer la survalorisation déjà classique de l'auteur et de sa grille de lecture (je pense par exemple au film de Legendre et à ce qui le sépare de Pollet). La catégorie de l'essai semble avoir été un peu trop vite bricolée pour répondre aux changements récents des modes de fabrication et de production.

Non, essai n'est pas le mot, pour qualifier ces films. Il s'agirait plutôt d'expérience, au sens anglais du terme, au sens où l'on fait l'expérience de quelque chose, où on le traverse. Et j'en reviens à Brook et à sa définition de la « recherche » qu'il substitue au terme d'expérimental. Il pose la recherche comme un travail « où le temps n'est pas compté et où l'on ne travaille pas sous pression pour livrer un bon résultat à date fixe ». Je vois d'ici les hurlements des tenants de l'industrie mais c'est autour de cette définition que se joue pour moi

| [4] *Face Value*, je me demande ce qu'il resterait de ce film s'il avait été tourné en DV. La vidéo nettoie et aseptise, tue les contrastes. *Face Value* montre les aspérités d'un monde ni aseptisé ni ordonnancé. En projection, on voit bien, avec les contrejours, les usures sans joliesse des peaux ou les espaces larges inscrivant les corps dans le désordre du monde. Doute. *Dans la chambre de Vanda* est filmé en DV numérique et ça n'aseptise pas. Donc possible. La question du support est essentielle mais c'est comme le reste, il n'y a pas de règles, pas de généralités formelles. Plutôt remontant.

une frontière bien plus signifiante que celle censée opposer documentaire et fiction. Il ne s'agit pas que des délais de fabrication. Il s'agit de ne pas escompter le résultat, de ne pas figer la pratique, de pouvoir inventer. Curieusement, les courts métrages de Griffith, fabriqués à la chaîne, donnent ce sentiment de liberté. Chaque film semble émerger de l'informe pour aller chercher une forme nouvelle encore aux marges de l'informe. Rêves de coopératives. Les dernières coupes imposées au régime d'assurance-chômage des intermittents ne vont pas faciliter les choses, c'est sûr.

Pour un cinéma en chantier, en quelque sorte. D'où la tentation de filmer toujours en repérages. C'est aussi cela que permettent les petites caméras et la baisse des coûts qui s'ensuit. J'ai filmé ainsi pendant dix mois dans le quartier du gebel à Alexandrie. J'ai expliqué cette affaire de recherche, de chantier. Quand un nouveau venu demande ce que je fais, il se trouve souvent un autre habitant pour lui expliquer que je ne fais pas un film mais une recherche. Les gens sentent très bien quand je trouve quelque chose. Contre Picasso et sa formule terroriste sur l'art de trouver sans chercher, énième resucée de l'inspiration divine de l'artiste. L'été dernier, à Alexandrie, nous avons compris ensemble que l'aventure prenait fin. Les gens du gebel ont estimé que j'avais de quoi faire un film avec ce qui a été tourné. Le fameux tournage du film, que je brandissais parfois (y compris pour moi-même) comme un horizon de l'histoire, personne ne le regrette.

Cette idée de chantier, on la retrouve dans le spectacle vivant, théâtre ou danse. Ce n'est pas un hasard si les propos de Brook hantent ces pages. Ça tient d'abord à ce que j'appellerais la façon de travailler la matière humaine. D'expérience, se rejoignent le travail avec l'acteur au théâtre et la façon d'accueillir ou de provoquer l'événement par certains moyens du documentaire. Dans les deux cas, on ne peut isoler une action, courte et déterminée, encore moins indiquer à la personne comment l'exécuter. En théâtre, et cela, Brook le formule très bien, au cours du travail préparatoire, on cherche la part de liberté où l'acteur pourra s'emparer de son personnage (ou de sa figure). Car il s'agit qu'il puisse au bout du compte faire le spectacle sans vous, qu'il soit autonome pendant ces deux heures, des soirs durant. Indiquer une posture à imiter peut marcher pour un jour mais non sur la durée. D'où un travail *autour* des situations représentées. D'où une recherche (*training* physique, improvisation ou autres variations) pour ouvrir ces brèches où le corps et l'esprit de l'acteur vont trouver leur élan. Je me suis retrouvée à ouvrir de semblables espaces de jeu en filmant *autour* dans ce quartier populaire d'Alexandrie dont je parlais plus haut. Avec cette patience, à observer à partir de ce que l'on voit, pour trouver ce point où la personne porte librement la totalité de son acte. Monteiro, encore lui, me donne ce sentiment, que le plan est un résultat d'expérience donnant aux actes leur liberté.

Je retrouve donc des traits communs entre documentaire et théâtre. On peut ajouter que les deux paient plutôt mal et reposent sur des économies de fortune. Pas de conclusions à tirer de ce constat. Pas de liens mécaniques entre cela et la teneur des films. Prôner un cinéma pauvre serait oublier trop de films qui démentent la démonstration. En commun aussi, aujourd'hui, une volonté d'engagement souvent ouvertement politique. Avec une bonne longueur d'avance sur ce terrain pour le théâtre. Peut-être sont-ce les restes du chœur grec. Le spectacle vivant intègre de plus en plus de matériaux documentaires, images ou textes

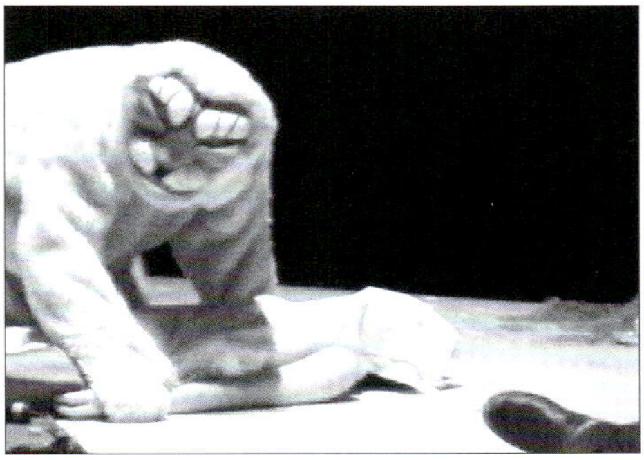

Abbas Kiarostami, spectacle *Looking at Ta'ziyé.*

(voir par exemple l'utilisation des textes de Hatzfeld sur le Rwanda, ou le travail de Mnouchkine à partir de témoignages de réfugiés et de clandestins). Quelque chose dialogue là entre la scène et les films documentaires.

Et je dirais que ce quelque chose travaille le cinéma vers le théâtre, vers le spectacle vivant. Et que cette ligne de fuite est un mouvement de résistance aujourd'hui vital. Kiarostami. On y revient toujours, à celui-là. Après *ABC Africa,* où il parcourait un éventail de distances incroyable face à ses objets, le miracle de la rencontre avec l'« autre » survenant grâce à l'arrêt à minuit de l'électricité qui soudain plonge l'écran dans le noir et fait partager, au plus simple, la condition des gens que l'on voit depuis le début du film, le voilà qui monte au Teatro India de Rome l'épisode fondateur de la saga chiite, l'*Ashura*, lutte et mort héroïque de l'Imam Hussein. Le dispositif est simple. Au centre d'une petite arène évoquant un cirque, des acteurs iraniens donnent une représentation, que l'on suppose traditionnelle, de la légende. Derrière les spectateurs, sur six grands écrans, sont projetées les images en noir et blanc de spectateurs iraniens regardant chez eux ce même type de représentation. Trois des écrans montrent une série d'images, plans serrés de visages de femmes, les trois autres écrans montrent les hommes. Le spectacle que nous voyons est une version courte de celui auquel ils assistent. Leur attention semble distraite, parfois flottante. Mais quand vient le nœud de l'histoire, ils pleurent à chaudes larmes. Sans retenue. On ne peut qu'être ballotté. C'est à la fois terrifiant de voir tant de gens pleurer devant la légende fondatrice du concept de martyr, du type qui tire sa grandeur de sa mort à venir, certaine et annoncée. On ne peut s'empêcher de trouver ça aliénant. Et d'un autre côté, on ne peut s'empêcher de trouver qu'ils ont bien de la chance de pouvoir pleurer comme ça, d'exprimer ainsi leurs émotions. On n'en sort pas, ça tourne. Les distances sont multiples. Le spectacle est fait à la fois de l'intérieur de la croyance et de l'extérieur. Mais très gentiment, au bord. La force du truc, c'est que Kiarostami insiste. On n'y coupera pas, on se tapera les gros plans des spectateurs jusqu'au bout du spectacle. La force de cette insistance tient à ce que Kiarostami ne commente rien, à ce qu'il ne s'en sert pas pour enfoncer un clou. Il y a la distraction, il y a les larmes, le montage ne donne pas un sens explicatif ou même dramaturgique à cette succession. Il glisse. Glissez, mortels, glissez, comme disait la grand-mère de Sartre. Insister et glisser tout à la fois. Glisser comme le faisait Costa avec son panneau du cimetière, auquel il ne fait pas un sort, qui n'explique rien de Vanda. Il y a de la politesse, de la délicatesse dans cet art de glisser. Glisser en insistant, c'est ce qui permet au spectateur de Rome d'associer, d'éprouver librement en face de ces personnes, celles filmées et celles sur la scène. C'est un peu un miracle de faire exister pareille rencontre avec un public européen, dans l'Italie d'aujourd'hui, en proie aux pires préjugés racistes sur fond de 11 septembre. Et les vieilles dames chic, couvertes de bijoux, étonnées par ce théâtre planté dehors dans une zone industrielle, étaient émues. Par les pleurs des spectateurs iraniens. Par le soin apporté à montrer la construction rituelle de la tombe. Par les enfants-anges. On en revient à la tendresse, la même, quelles que soient ses formes ou gestes. Brook encore. Franju aussi, tiens, donnait la tendresse comme étant un de ses deux buts. « Mon but, c'est la réalité, et la tendresse, je crois ». Interview filmée, reprise dans l'émission de Labarthe. Ça fait du bien de s'en souvenir. Mais le pompon de cette *Ashura* revient au lion. Car il y a un lion, acteur en pyjama et masque de peluche enfantin, qui intervient lors d'une péripétie bizarrement située en Inde pour assurer l'imam Hussein qu'il lui donnera une sépulture quand tous les siens seront morts. L'animal caresse alors le visage de Hussein, qui y perd un temps sa stature héroïque. À la fin, le spectacle se clôt sur le lion qui, après avoir enterré les morts, ramasse les accessoires du spectacle et met ainsi un terme à la représentation. Et ce lion au costume dérisoire est terriblement émouvant dans son attention aux personnes et aux choses. Figure de la tendresse qui vous accompagne lorsque vous sortez de la salle, figure de légende ou de conte qui fait déferler des émotions d'enfance.

Réalisateurs et films cités

Chantal Akerman, *De l'autre côté*, 2002 | Jorge Bodanzky, Orlando Senna, *Iracema*, 1974 | Dominique Cabrera, *Demain et encore demain*, 1997 | Gérard Caillat, Pierre Legendre, Pierre-Olivier Bardet, *la Fabrique de l'homme occidental*, 1996 | Pierre Carles, *Pas vu pas pris*, 1995 ; *La sociologie est un sport de combat*, 2001 | Pedro Costa, *No quarto da Vanda* (*Dans la chambre de Vanda*), 2000 | Jennifer Dworkin, *Love and Diane*, 2002 | Clint Eastwood, *True Crime* (*Jugé coupable*), 1999 | James Gray, *The Yards*, 2000 | Robert Kramer, *Route One/USA*, 1989 | André S. Labarthe, *Georges Franju le visionnaire*, 1997 | Hélène Lapiower, *Petite conversation familiale*, 1999 | Ken Loach, *Ladybird Ladybird*, 1994 | João César Monteiro, *Va-et-vient*, 2002 | Michael Moore, *Bowling for Columbine*, 2001 | Pier Paolo Pasolini, *Sopraluoghi in Palestina per* Il vangelo secondo Matteo (*Repérages en Palestine pour* l'Évangile selon Matthieu), 1964 ; *Appunti per un film sull'India* (*Notes pour un film sur l'Inde*), 1968 ; *Appunti per un'Orestiade africana* (*Carnet de notes pour une Orestiade africaine*), 1970 | Nicolas Philibert, *Être et avoir*, 2002 | Jean-Daniel Pollet, *l'Ordre*, 1973 | Elia Suleiman, *Chronique d'une disparition*, 1996 | Johan van der Keuken, *De Weeg naar het Zuiden* (*Vers le Sud*), 1981 ; *Face Value*, 1990.

Livres cités

Peter Brook, *Oublier le temps*, Seuil, 2003 | Roberto Rossellini, *le Cinéma révélé*, Cahiers du cinéma-Éditions de l'Étoile, 1984 | Stendhal, *Mémoires d'un touriste*, 1838.

D.W. Griffith, *The Battle at Elderbush Gulch.*

Abbas Kiarostami, *ABC Africa.*

WATCH IT!
"NIGHT and the CITY"
RICHARD WIDMARK
GENE TIERNEY
GOOGIE WITHERS
20th CENTURY-FOX
SOON!

Philippe Garnier | **Les forbans de Hollywood**

Night and the City, Jules Dassin

« Le compromis qu'Abramson a négocié sur la façon dont l'auteur de *Night and the City* sera intéressé à toute revente éventuelle est, à mon avis, satisfaisant. Selon ce compromis, l'auteur aura droit à 10% de toute somme excédant les $45 000 du prix d'achat en cas de revente, à moins que le livre ne soit revendu avec le scénario, ou avec une vedette, ou un metteur en scène – auquel cas l'auteur ne touchera rien. »

Memo de Me Leslie, avocat, à son client Charles K. Feldman (mai 1946)

1.

On a ici, noir sur blanc, une des principales méthodes par lesquelles Charles Feldman et son partenaire Howard Hawks gagnaient des fortunes sur le dos des écrivains. Feldman est par la suite devenu l'agent le plus important de Hollywood, un des premiers à imposer la loi du *packaging* aux patrons de studios, avant de produire lui-même des films [1]. Mais dans les années 1940, Feldman, en plus de diriger son agence, Famous Artists, était surtout partenaire de Hawks, leurs activités culminant et prenant fin avec *Red River*, grand succès commercial dont ils n'ont guère profité. Leur compagnie, H-P Productions, achetait régulièrement des *properties*, les développait et revendait le *package*, soit avec Hawks comme

| [1] On doit d'une part cette entreprise de spéléologie à mon intérêt jamais assouvi pour les agissements insoupçonnés de Rowland Brown, sur lequel j'ai déjà beaucoup écrit (*Honni soit qui Malibu*, Grasset, 1996) – et plus généralement sur la façon dont Hollywood traitait les écrivains à l'époque du *studio system* – et d'autre part à ma rencontre fortuite avec l'éditeur et historien Paul Duncan, qui termine une biographie de Gerald Kersh et a fait rééditer en Angleterre deux de ses romans largement oubliés des années 1930, *Fowler's End* (inspiré des expériences de Kersh comme directeur d'une salle de quartier dans le nord de Londres ; Harvill Press, 2002) et *Night and the City* (ibooks, 2001). Même s'il n'y aborde pas l'adaptation cinématographique du roman, les éléments biographiques contenus dans ses préfaces m'ont été indispensables, et je le remercie de m'avoir communiqué la lettre de Kersh à son frère Cyril citée partiellement dans cet article – basé par ailleurs sur les collections Charles K. Feldman de l'AFI, ainsi que sur les fonds 20th Century-Fox à l'UCLA et à USC. Je tiens à remercier le toujours providentiel Ned Comstock, pour le *press-book* et les cinq pages de *retakes* signées Zanuck, ainsi que Craig Spaulding, de Screen Archives Entertainment, et Jim Hahn de l'Academy of Motion Pictures, qui m'a montré deux bobines de la version anglaise en cours de restauration. Et bien sûr Jules Dassin, dont la lettre m'est parvenue juste à temps pour rétablir son point de vue – démontrant surtout que durant le *studio system*, les vases n'étaient pas toujours communicants.

réalisateur, soit sans lui. C'est ainsi qu'en 1944 ils achètent *The Dark Page*, le roman de Sam Fuller, pour $15 000, « payable à la Feldman-Blum Corporation, agent de l'auteur ». Conflit d'intérêts, déjà. Ensuite H-P Productions revend le titre à Howard Hawks pour un dollar symbolique, qui revend à Monterey Productions (Hawks) pour un dollar symbolique. Tout indique que Hawks a réellement essayé d'intéresser Warner à racheter le titre, avec lui, Bogart et E.G. Robinson dans la corbeille. Dans ses mémoires, Fuller mentionne cavalièrement que Hawks avait fini par revendre *The Dark Page* à Columbia en 1950 pour « six fois ce qu'il avait payé ». $125 000 exactement. « Je m'en fichais, c'était son affaire, et il était bon en affaires. » Du moment que Feldman continuait à le fournir en cigares sur tous les fronts d'Europe et d'Afrique du Nord, Sammy était content.

En 1944 également, Hawks avait donné instruction à Feldman de mettre sous option une demi-douzaine de romans de Cleve Adams, un ami et imitateur de Chandler. Le but de la manœuvre était d'avoir un *package* à proposer à Warner pour Bacall et Bogart et de réitérer le succès de *The Big Sleep*. Le script que Leigh Brackett développe à partir de *The Black Door* ne fait d'ailleurs aucun mystère sur le but visé. Elle nomme facétieusement un avocat de l'histoire Bogardus (petit nom, Bogey !), et la page de garde du script annonce : « Aucun effort n'a été fait dans le sens de la logique, mais beaucoup pour recréer le genre de divertissement si réussi qu'étaient *The Maltese Falcon*, *The Big Sleep* et tout ça. » Cette tentative passa finalement aux pertes et profits.

2.

Le cas de *Night and the City* (*les Forbans de la nuit*, 1950) est plus complexe, Feldman ayant très longtemps cherché à produire lui-même une adaptation sordide et corsée du roman de Gerald Kersh, qui aurait dû devenir son premier film, au lieu de *A Streetcar Named Desire*, sorti plusieurs années après [2]. La trace de ses efforts qu'on peut suivre dans les papiers de

[2] Le film de Jules Dassin commence avec Harry Fabian (Richard Widmark) courant désespérément dans les rues du West End de Londres. Harry est un arnaqueur à la petite semaine qui ne peut accepter ce statut : toujours à rêver d'un plan qui le rendra riche, il n'est pas regardant sur la façon dont il finance ses magouilles toutes vouées à l'échec. Comme un junkie, il vole et ment à tout le monde ; comme un souteneur, il se laisse entretenir par son amie Mary (Gene Tierney), chanteuse et entraîneuse au Silver Fox, un *clip-joint* (boîte louche où le client se fait arnaquer) dirigé par l'obèse et astucieux Phil Nosseros (Frank L. Sullivan). Harry, qui travaille pour Phil à lui rabattre des clients dans les hôtels et les bars américains, concocte bientôt un plan pour arracher le contrôle des matchs de catch au promoteur mafieux Kristo (Herbert Lom), se servant du père de celui-ci, le légendaire champion de lutte gréco-romaine Gregorius (Stanislaus Zbyszko). Pour financer ce plan ingénieux, Harry a recours à Phil et sa femme Helen (Googie Withers). Tous deux lui avancent de l'argent, mais chacun pour des raisons et des plans différents. Quand Gregorius meurt d'une crise cardiaque après un combat impromptu avec l'adversaire de son poulain, The Strangler (Mike Mazurski), et quand Phil s'aperçoit que Helen va le quitter pour ouvrir son propre club avec l'aide de Harry, les plans de celui-ci tournent court. Harry meurt comme on l'a vu au début, toujours poursuivi par quelqu'un.

En haut : tournage : l'opérateur Max Green et Jules Dassin.

l'agence est une illustration fascinante de la folie mais aussi du sérieux foncier de ces flambeurs. Feldman était sans aucun doute l'une des personnalités les plus voyantes de Hollywood, un homme à femmes hyperactif qui donnait dîners et réceptions deux fois par semaine avec Joe Kennedy, Zanuck, ou Jack Warner en tête de liste, et ne déjeunait jamais seul (même à la plage, c'était avec Hedy Lamarr, Gene Tierney ou Evelyn Keyes, pour le seul été 1949). Son train de vie, visible sur les notes de frais qu'il gardait pour raisons fiscales, était phénoménal. Mais son suivi dans les affaires aussi. Feldman était un homme passionné par la vie et les affaires, doté d'une sorte de génie pour mettre la charrue avant les bœufs et ce, à longueur de pages. Son attaché de presse à New York, Ben Sonnenberg, en donne une mince idée, lorsque via Western Union Feldman lui demande s'il lui serait possible de faire mousser « un livre sensationnel que je suis en train d'acheter » : « YOUR TELEGRAM A CONSUMMATE EXAMPLE OF COMPLETE VAGUENESS » soupire Sonnenberg à huit *cents* le mot. « QUI EST L'AUTEUR COMMENT S'APPELLE LE ROMAN EST-CE QU'IL A ÉTÉ PUBLIÉ QUI EST L'ÉDITEUR ? »

En fait, dès le début avril 1946 Feldman et son homme à New York, Charles Abramson, s'activent à acquérir les droits d'un livre qu'aucun d'eux n'a lu, et ne liront qu'une fois conquis, des semaines plus tard. Le roman de Gerald Kersh, publié à Londres chez Michael Joseph en 1938, n'est sorti chez Simon-Schuster qu'après la guerre. Mais il est clair que Feldman achète surtout les trois pages que *Newsweek* consacre à *Night and the City* et la critique du *New York Times*, parue le 9 avril. « Surtout ne le laisse pas filer ! » presse Feldman à la mi-mai. « J'ai déjà réservé de la place au studio Goldwyn pour le mois d'août, mis sur le scénario un gars que je paye mille dollars la semaine, et signé Jacques Tourneur. Les deux sont déjà sous salaire. »

Et de fait, on trouve une note de « Jacques T. », remerciant Feldman de lui avoir envoyé le livre (« enjoyed it VERY much ! »). Le réalisateur, qui venait de finir *Canyon Passage*, devait être payé $60 000. Il en gardera 10 000 de dédommagement quand Feldman repoussera le tournage à cause des scripts insatisfaisants livrés par Edward Kaufman et William Kozlenko. Feldman semble avoir dépendu d'une réserve d'écrivains et scénaristes de second rang (qu'il ne payait sûrement pas mille dollars la semaine) dont la principale fonction était de concocter des scripts plus ou moins bien fagotés, dans le seul but de faire monter le prix du *jackpot* à la revente. Jo Eisinger semble en avoir fait partie, tout comme John Fante et Rowland Brown – des hommes capables, mais sur le déclin. Kersh fut aussi brièvement considéré comme possibilité, mais n'était pas employable, puisque sous contrat de cinq ans chez Metro, à Londres. C'est sans doute ce qui lui fait d'abord demander un prix absurdement élevé pour les droits de son roman, $150 000, lorsqu'il est enfin joint par son agente londonienne à Rome. Une semaine plus tard, celle-ci accepte $45 000 sans broncher, y compris la clause qui tue concernant la revente.

En 1946, Kersh était une sorte de célébrité, ayant écrit un best-seller cinq ans auparavant (*They Die With Their Boots On*, une commande du *War Office*) et habitué de Fleet Street, auteur d'articles, de critiques et surtout des nouvelles pour lesquelles on se souvient de lui, quand on se souvient de lui. Il amorçait une carrière en dents de scie, continuant sur trois continents la vie de bâton de chaise qui l'avait si bien servi pour *Night and the City*.

Barbe de pirate et grande gueule, Kersh fréquentait les cafés de nuit et les *bottle clubs* de Soho dont il parle si bien dans ce roman (le *Silver Fox*), ainsi que dans un autre, *Prelude to a Certain Midnight* (le *Bar Bacchus*). Il a ensuite vécu à New York, à Québec et Barbade, poursuivant une carrière calamiteuse jusqu'à sa mort dans l'État de New York le 5 novembre 1968. À l'époque où Feldman achète son roman, Kersh est marié à une dramaturge qui écrit sous le nom de Lee Allward, dont il divorcera en 1954 dans des circonstances particulièrement acrimonieuses.

Night and the City décrit Soho comme les sept cercles de l'enfer, et vaut surtout pour ses personnages secondaires très réalistes, qui contrastent avec l'écriture volontiers *pulp* et surchauffée de l'auteur (surtout dans les scènes de sexe, assez crues). Harry Fabian, le héros central qui se fait passer pour américain, promoteur et compositeur de chansons, mais n'est qu'un souteneur qui s'ignore (« *a ponce* », écrit Kersh), ne trompe personne autant que lui-même. Mais, plus encore que la nature censurable du milieu décrit (bordels, faux infirmes mendiants, entraîneuses, drogue), c'est Fabian qui pose le plus gros problème à Feldman. Dès le début, il songe à le rendre moins répugnant, à lui conférer l'humour dont il est sauvagement dépourvu dans le roman. Car dès le début, après avoir pressenti James Mason et Stewart Granger, l'agent songe à Cary Grant ou Rex Harrison. Edmund Goulding, une des quelque vingt personnes consultées par l'agent, est formel : « Un seul acteur à mon sens pour jouer Fabian : Cary Grant. » Un script daté fin 1946 commence à la morgue, tous les protagonistes réunis autour du cercueil de Harry Fabian, tandis qu'une voix désincarnée raconte l'histoire en flash-backs.

Début novembre, Walter Wanger avertit son ami Feldman qu'il a fait la traversée de Londres à New York avec Kersh et sa femme. Feldman se renseigne sur les plans de l'écrivain car il aimerait envoyer Rowland Brown, engagé entre-temps pour le scénario, « papoter deux semaines avec lui ». Mais Kersh ne fait qu'escale à New York, en route pour le Mexique. En janvier, néanmoins, les Kersh sont à Los Angeles. La scène a été racontée deux ans et demi plus tard par Kersh dans une lettre à son frère journaliste Cyril, mais aussi par Feldman, à chaud et en détail, dans une lettre à Abramson datée du 24 janvier 1947 – ces deux sons de cloche constituant sans doute le fantasme ultime du biographe/historien – la mignonnette d'anecdote à la sauce *Rashomon*.

« De toutes les merdes qui traînent, ce synopsis bat tous les records », écrit Kersh, « mais il est positivement brillant comparé au premier script que Famous Artists avait fait écrire, dans lequel Fabian était un fantôme. À l'époque, Feldman, tout excité, m'a invité chez Mike Romanoff à Hollywood, en compagnie d'un homme apparemment ivre, et d'un air triomphant m'a offert de jeter un œil sur ce script. La nature de mon langage quand j'ai réagi a jeté un froid dans l'établissement, mais Clark Gable et Herbert Marshall sont venus me serrer la main pour me féliciter. Dans ma diatribe j'avais traité le scénariste de babouin coprophage. Il se trouve que l'homme à l'air malade était le scénariste. Il l'a plutôt mal pris. Feldman aussi, mais mes commentaires dévastateurs ont néanmoins percé sa carapace de pachyderme, puisqu'il a fait écrire un autre script, à raison de $20 000 supplémentaires, que je lui ai conseillé d'accrocher dans un chiotte pour clochards. Il en a commandé encore un autre depuis, mais j'ai refusé de le lire. À eux tous, ces rupins à ulcères n'ont pas une seule idée dans le citron. Feldman a dépensé $125 000 dans l'histoire ; il a finalement ménagé la casse en revendant le livre et les scripts à la Fox, mais pour beaucoup moins d'argent, d'après mes informations. Et comme j'ai bien dû boire pour mille dollars de son whisky, ses pertes sont peut-être plus importantes. Quant au script qu'ils filment maintenant, j'en ai pissé de meilleurs [3], je ne voudrais même pas me torcher avec. Bon, mais pas un mot de tout ça. Je parlerai quand je serai libre de le faire. »

Tout le whisky de Charles Feldman n'aurait pu consoler Gerald Kersh s'il avait vu l'acte de vente à la Fox, daté du 22 mars 1949, pour $175 000. On peut aussi douter de la description qu'il fait du scénariste, puisqu'il s'agissait de Rowland Brown – certes un vétéran en fin de course, mais qui avait un jour fameusement étalé pour le compte un attaché de presse, servi de *sparring-partner* à Jack Dempsey, et était bien le seul parmi les machos de la ville à ne jamais toucher une goutte d'alcool – le jeu et les femmes étant ses seuls poisons d'élection. La lettre de Feldman décrivant d'abord le déjeuner, ensuite le cocktail chez Romanoff, est plus convaincante. On se croirait Chez Paul, dans *In a Lonely Place* (*le Violent*).

« Mme Kersh a ouvert la conversation en me demandant ce que je pensais de sa pièce. Je lui ai dit que je n'en pensais pas grand-chose. Je n'aurais peut-être pas dû, j'ai eu la nette impression que ce n'était pas ce qu'elle voulait entendre. Oh oui, j'ai oublié de te dire qu'Ann Dvorak était aussi présente au déjeuner ; c'est une amie à eux, ils habitent chez elle ; moi bien sûr, je la connais depuis toujours [...] Quand je leur ai expliqué ce que je cherchais à faire avec le roman, tuer Fabian dès le début, humaniser son personnage etc., Mme Kersh m'a immédiatement coupé. “Pourquoi achetez-vous un livre si vous n'avez pas l'intention de vous en servir ?” Je lui ai dit qu'on avait conservé 90 % des dialogues, et de bien vouloir retenir ses critiques jusqu'à ce qu'ils aient lu le script, qui de toutes manières était encore mal dégrossi et trop long de cent pages [...] Je n'aurais sans doute pas dû leur proposer de lire le script, vu l'agressivité et les remarques presque insultantes de Mme Kersh.

« Ne te méprends pas – je les trouve charmants tous les deux. Kersh, qui a lu le script entre le déjeuner et l'heure du cocktail, a évidemment dit qu'il était épouvantable, le peu de changements qu'on a effectués tout à fait horribles. J'ai fait remarquer que même si tout le monde aime le livre, aucun des acteurs avec qui j'en ai discuté, Cary Grant, David Niven, Ray Milland, n'est prêt à jouer un personnage si déplaisant et méprisable. » (Grant n'était pas une idée si absurde, son côté sombre n'ayant été jusqu'ici effleuré que par Hitchcock. Seul peut-être Tyrone Power aurait accepté, qu'on voit lire le livre de Kersh sur le tournage de *Nightmare Alley* en 1947 ; mais l'échec commercial de ce film “répugnant” aurait dû avertir Feldman de ce qui l'attendait.)

« Je pense qu'on finira par avoir Grant », poursuit Feldman, « ou quelqu'un de son calibre. Je me fais peut-être des illusions, mais en rendant Fabian plus humain on a au moins une chance. J'ai expliqué tout ça à Kersh, et tout d'un coup il saute de son siège et s'écrie :

[3] Kersh a travaillé pour Michael Balcon, Garson Kanin, Leslie Howard, Carol Reed et Alex Korda.

Tyrone Power lit le livre de Gerald Kersh.

“J’ai une idée formidable !” Mais il n’a pas voulu me la dire. Kersh était si content de lui que quand Brown les a ramenés chez eux, il a entendu Kersh souffler à sa femme : “Mais je n’ai rien dit ! Pas un mot !” En d’autres termes, elle lui avait conseillé de ne rien dire avant d’être payé, ce que j’aurais de toute façon proposé. » Kersh voulait « encadrer » son idée d’un traitement de 5 000 mots, monnayable évidemment. Feldman dit à Abramson de contacter son agent à Londres, mais de faire en sorte qu’il n’y ait pas de suites ; il en a soupé des Kersh. « Digère cette lettre avec soin, Charlie, et détruis-la, je ne tiens pas à voir traîner ce genre de lettres. »

3.

Suivant les conseils initiaux de Mike Curtiz et de Louis De Rochemont, Feldman envoie ensuite son scénariste maison Jo Eisinger passer l'été 1947 à New York afin de transposer toute l'histoire à Broadway et sur le Bowery. Il songe à John Garfield pour Fabian. Eisinger, qui a beaucoup travaillé à la radio (*Sam Spade*, *Pete Kelly's Blues*, etc.), vient de sortir un roman policier chez Coward McCann, *Walls Come Tumbling Down*. Feldman l'emploie à 650 dollars la semaine, ce qui est peu. Eisinger survivra néanmoins à tous ses prédécesseurs et successeurs au générique (il y aura aussi une Agnes Pottage et un Peter Bernies dans la soupe) et, miraculeusement, sera encore avec Dassin à Londres pour récrire entièrement le script selon les spécifications de Zanuck.

Car quand un an plus tard Lee Kersh lui écrit de Québec pour demander des nouvelles et offrir ses services, Feldman a de nouveau l'intention de tourner *Night and the City* à Londres. Mme Kersh résume bien le dilemme de Feldman : « Vos scénaristes s'obnubilent tous sur Fabian, mais il faut bien accepter le fait qu'il est le méchant de l'histoire, pas le héros. Toute tentative pour le rendre différent ruine ce merveilleux personnage. Adam, le jeune sculpteur, est le vrai héros, celui qu'il faut étoffer pour que votre vedette puisse le jouer, laissant Fabian à un acteur secondaire de talent. Et ce n'est pas difficile : Adam est dans l'histoire du début jusqu'à la fin. Il est en opposition à Fabian au sujet d'Ali [dans le roman Adam s'entraîne à la lutte, et le vieux lutteur est nommé Ali], au sujet de Helen sur tous les principes [Adam est employé en même temps qu'elle au Silver Fox]. Et du coup vos problèmes de censure s'évaporent : Helen, une fille bien, tentée par le glamour et l'argent, sur le point de sombrer dans une vie qui va l'amener au ruisseau, sauvée au dernier moment par un jeune homme qui l'aime. Rien qui puisse offenser les censeurs. »

Douze ans plus tard, adaptant pour Feldman le roman corsé de Nelson Algren *Walk on the Wild Side*, John Fante exprimera ce dilemme endémique du producteur, toujours tenté par les matériaux infilmables, mais jamais prêt à laisser ses vedettes (encore moins ses maîtresses, comme Capucine) jouer des personnages corrompus jusqu'à l'os. « Tu ne peux pas faire de Hallie quelqu'un de bien, parce qu'il n'y a aucune noblesse chez une nymphomane qui vit avec une lesbienne et qui fait la pute. Tu peux lui donner la meilleure garde-robe, les plus beaux discours du monde, rien ne cachera le fait qu'elle s'envoie des mecs pour du fric et couche avec une gouine [4]. » Dans le roman de Kersh, Fabian vend sa gagneuse Zoe à un souteneur nommé Clarke, qui veut l'envoyer à La Havane. Clarke est arrêté juste à temps.

Feldman prend néanmoins la peine de rassurer Lee Kersh, sur quatre pages. Mais le personnage de Helen dont elle parle a déjà disparu de l'adaptation, et Adam n'est plus qu'un faire-valoir. Pour compliquer les choses, on donne le nom de Helen à Mary, la femme de Nosseros, et celui de Mary à Zoe, la gagneuse de Fabian dans le roman. Feldman assure Lee

---

[4] Fante à Feldman, lettre du 6 juin 1960 – collection Feldman, AFI.

Kersh qu'il se rendra à Londres au début de l'été pour y monter le film, sans doute avec Carol Reed. Mais arrivé Noël 1948, il est en correspondance excédée avec Gregory Ratoff, le truculent partenaire de Zanuck au gin-rummy, qui l'a persuadé de le laisser tourner *Night and the City* comme *quota film*, avec des acteurs anglais et juste une vedette américaine. L'été précédent, les mesures protectionnistes du gouvernement travailliste d'Attlee ont bloqué beaucoup d'argent pour les studios américains. Produire là-bas est un moyen de l'utiliser – ce que fera finalement Zanuck, une fois racheté le titre. Ratoff est en train de terminer un *quota film* pour Korda, et prétend connaître désormais les ficelles. « Tu me donnes Ida Lupino, je me fais fort de te trouver ton financement dans la semaine. » Puis « Greischa » (Ratoff) annule brusquement tout, ne pouvant obtenir de rallonge sur son permis de travail. La mention de Lupino, qui vient de se tailler un gros succès avec *Road House* (*la Femme aux cigarettes*), indique que Feldman fait désormais tous les efforts pour étoffer le rôle de Helen Nosseros, la tenancière du Silver Fox (qui du coup hérite de la rapacité de la Helen originale), afin de pouvoir proposer à une actrice (pas nécessairement Lupino) un « rôle pour une Widmark en jupons ». Ironiquement, parmi la douzaine de noms lancés en trois ans pour jouer Fabian, jamais celui de Richard Widmark n'est considéré – un comble quand on sait le rôle décisif que l'acteur en a fait un an plus tard.

Début 1949, Feldman s'affole visiblement, envoyant des scripts tous azimuts aux patrons des studios, à Douglas Fairbanks Jr. (qui trouve l'histoire répugnante), et même à Louis Jourdan, un proche de l'agent (« On appellerait le héros "Frenchy", un Français réfugié dans les bas-fonds londoniens. » Comme Céline ?). Finalement, Feldman refourgue le tout à Zanuck, qui en juin 1946 lui écrivait déjà de manière sibylline : « Sûr que tu achètes de bons livres ; celui-ci, ils le donnent même pour des prunes. » Michael Abel, le lecteur qui « couvre » le script pour Zanuck le 8 avril 1949, est pourtant déconcerté. Ayant toujours entendu parler du roman en bien sans l'avoir jamais lu, il se dit déçu et trouve l'histoire « ennuyeuse, sans intérêt, peu réaliste et sordide en même temps ». Le script, « un croisement entre *Street Scene* et *Nightmare Alley* », lui paraît une série de vignettes montrant le côté galeux de Londres, qui gagneraient à être mieux reliées entre elles.

Et de fait, le script d'Eisinger à ce stade est trop long (191 pages) et contient encore beaucoup de personnages secondaires du roman, dont l'improbable Bert, le marchand des quatre saisons, frère et conscience de Fabian ; Lady Constance, qui s'encanaille auprès de Fabian et occupe vingt pages vers la fin ; sans compter Anna Siberia, la tenancière de bordel chez laquelle Fabian pousse Helen dans les escaliers et la tue, avant de se faire tuer lui-même par le Strangler.

Mais c'est compter sans Zanuck et son sens imparable de la structure. Les archives Fox ne contiennent malheureusement pas les fameuses transcriptions de *story conferences* sur ce titre particulier (elles existent pour l'autre film que Dassin vient de terminer pour lui, *Thieves' Highway*), mais une lettre envoyée au début du tournage à Londres le 8 août 1949 à Sam Engel, producteur désigné pour *Night and the City*, ne laisse aucun doute sur l'apport de Zanuck et son contrôle exercé sur l'entreprise. Jo Eisinger écrit bien les versions

successives, Dassin y contribue bien également, mais tous œuvrent sous la direction vigilante de Zanuck [5]. Sa lettre, écrite du cap d'Antibes où il passe ses vacances, en dit long sur sa façon éclairée de déléguer et contrôler à la fois. Sa concision fait un contraste presque comique avec les diarrhées inefficaces de Feldman.

> « Dear Sam,
> Le nouveau script est excellent. Toutes les choses dont on a discuté à Paris fonctionnent à merveille.
> La longueur me gêne toujours. Le script fait encore 170 pages [...] il faut que toi et Jules Dassin passiez en revue chaque séquence et coupiez ce que vous pouvez, ou au moins réduisiez.
> Je note que vous avez escamoté le gag page 1, quand Fabian perd son œillet durant la poursuite, s'arrête et le ramasse pour le fourrer dans sa poche. Veillez bien à restituer et utiliser ce moment d'action.
> [...] Si vous n'avez pas déjà tourné les scènes 237, 238 et 239 (le jeune policier demandant sa patente à Helen et découvrant qu'elle est fausse), réduisez-la à une page.

---

[5] Le script de 291 pages vendu par Feldman a encore tous les personnages du roman, et tous parlent en cockney. Le film se termine avec une voix désincarnée qui conclut : « *We take you now out of the night and out of the city.* »

C'est une bonne séquence, mais elle met une éternité à se conclure, et à ce stade de l'histoire tout ce qui nous intéresse c'est le tempo et la rapidité.
Je suppose que la raison pour laquelle vous avez déjà filmé la scène avec les artistes de rue, et celle dans l'église en ruines, est que vous craigniez que je ne les coupe quand j'aurai eu la nouvelle version du script. Vous aviez raison – je les aurais soit supprimées, soit raccourcies. [La scène avec les camelots, des non-professionnels filmés par Dassin derrière la National Gallery et devant le Garrick Theatre, ne figure plus dans le montage final.]
Veillez bien à filmer un *two-shot* de Mary et Adam sur le pont à la fin, au cas où on voudrait le monter avec le plan général sur le soleil qui se lève. Je t'ai envoyé un télégramme aujourd'hui te disant de descendre ici un ou deux jours avec le film. S'il te plaît, montre cette lettre à Jules Dassin. »

Le tournage durera jusqu'au 21 octobre. On peut s'étonner qu'une vedette de l'importance de Tierney ait accepté de jouer un personnage aussi pitoyable et insipide que celui de « Mary », qui n'est plus comme dans le roman une prostituée, mais l'amie et éternelle victime de Fabian, chanteuse au Silver Fox. Dassin a raconté [6] que Zanuck lui avait demandé, comme un service personnel, d'écrire un rôle pour Tierney, qui à la suite de « peines de cœur » et de drames personnels (sa fille handicapée) était en pleine crise suicidaire. Zanuck pensait qu'un séjour à Londres et un rôle à jouer pourraient lui changer les idées. Ceci confirme que Dassin a bien participé activement à la réécriture du script, même s'il n'a pas inventé le rôle (Zoe existe dans le livre). Il a peut-être restitué ou étoffé le personnage – elle a une belle scène à la fin, sur les quais de la South Bank, quand Fabian a sa dernière idée de génie pour la rendre riche. Une idée elle-même géniale, résumant parfaitement le précipité dramatique effectué sous la direction de Zanuck : Fabian vaudrait finalement son pesant d'or, et plus mort que vif. « *A thousand quids ! A thousand quids !* » l'entend-on crier à ses poursuivants, avant de tomber dans les pattes du Strangler. Mais le rôle de l'actrice n'a pas dû paraître encore assez important, puisqu'en avril 1950, trois mois avant la sortie américaine du film, Zanuck fait tourner cinq pages de *retakes* à Los Angeles, qu'il écrit lui-même. Il s'agit de la scène du début, cruciale pour comprendre le caractère de Fabian et la relation de Mary à son égard (fatiguée de ses plans sur la comète, mais toujours poire), où elle le surprend en train de fouiller dans son sac. En quelques lignes de dialogue, on a tout le passé de Fabian exposé, tous les rapports établis. Zanuck ajoute un peu de complexité avec la photo de leur couple que Mary met sous le nez de Fabian : « Tu te souviens d'eux, Harry ? Des gens bien. Des gens bien à connaître et à fréquenter. Tu te rappelles les plans qu'ils faisaient – la vie qu'ils allaient vivre ? » Fabian murmure seulement en réponse, « Tout ce que je veux, c'est être quelqu'un. » À la fin de la séquence, Zanuck indique : « Les yeux de Fabian reviennent sur la photo, et l'espace d'un instant s'emplissent de désir et d'aspiration. Ceci nous permet de passer directement à Mary en train de frapper à la porte d'Adam. Cette

[6] Interview dans *Film Comment* par Patrick McGilligan, novembre 1996.

Scène tournée à Los Angeles.

Scène tournée à Londres.

scène est déjà filmée. Nous gardons cette scène, mais nous ne revenons pas à la scène où Mary donne l'argent à Fabian. L'essence de cette scène est déjà dans celle réécrite. »

Lorsque Zanuck fait retourner cette scène à Los Angeles, le film a déjà eu sa première en Angleterre, à la mi-avril. Dans son essai pour le double CD rééditant les deux musiques du film [7], Christopher Husted élucide beaucoup des mystères concernant ces deux versions. Il semble que le studio ait toujours eu l'intention d'utiliser la musique de Franz Waxman, puisqu'il est engagé sensiblement en même temps que l'Anglais Benjamin Frankel, en début d'année. Frankel fait sûrement partie des marchandages syndicaux imposés par le système des quotas. Et puis les compositeurs britanniques conservent les droits sur leur musique, ce qui ne convient guère à Hollywood, qui préfère toujours acheter le travail de ses artistes, à prix d'or mais à perpétuité, et sans aucuns droits dérivés. Les passionnantes recherches de Husted révèlent beaucoup plus : le montage de la version anglaise était lui aussi différent, la séquence d'ouverture sur les vues de Londres plus longue, la scène où Nosseros donne un manteau de fourrure à sa femme également (on voit Helen essayer de chiper des billets à Nosseros). Ayant vu deux bobines de cette version, je peux attester que le générique se déroule sur un fond toilé, au lieu d'un plan de Londres, et que la voix du narrateur est britannique. Bizarrement, deux échanges entre deux veilleurs de nuit cockney encadrent la version anglaise, rendant celle-ci beaucoup plus molle. La version US, probablement remaniée sur instruction de Zanuck, est beaucoup plus resserrée et nerveuse – la musique de Waxman allant dans le même sens. Mais le changement le plus notable concerne la scène refilmée par Zanuck à Los Angeles. L'appartement de Mary (Gene Tierney), reconstitué, est différent de celui vu vers la fin quand Fabian le met littéralement à sac pour trouver l'argent. Celui-ci est plus petit, presque certainement un intérieur réel, avec plafond et lustre visibles. Même la photo montrée par Mary est différente. Mais c'est surtout le contenu qui importe : surpris à fouiller dans son sac, Harry sert à Mary des bobards différents. Ses plans d'invétéré rêveur ne concernent plus une formule pour fabriquer du carburant artificiel en pilules, mais un cynodrome dans le nord du pays. Mary est déjà dans la pièce quand Harry entre. La scène diffère moins par le dialogue que par le jeu des deux acteurs (nettement meilleur) et par la mise en scène (curieusement maladroite dans la version anglaise).

Dassin devait bien cette faveur à Zanuck concernant Tierney : quand il était déjà jugé inemployable par beaucoup, en 1949, il avait persuadé Zanuck d'acheter un roman du proscrit Albert Maltz [8] et de le laisser en faire un film à San Francisco. La condition posée par le chef de la Fox était le secret total, et seule la bêtise flagorneuse de Maltz avait fait capoter le subterfuge : le scénariste s'était répandu le lendemain dans les journaux, annonçant la fin de la liste noire. Zanuck, bien que furieux et embarrassé devant Spyros Skouras et les actionnaires de Fox, avait encore cherché à aider Dassin. Se présentant lui-même chez le cinéaste (action sans précédent dans le protocole hollywoodien), Zanuck lui aurait vivement conseillé d'aller à Londres tourner ce film pour lui. Dassin hésitait, sa mère étant gravement malade, mais Zanuck lui aurait dit : « Ce sera peut-être le dernier film que tu feras. »

Dassin s'est toujours curieusement montré ambivalent envers *Night and the City*. « Un film que j'ai choisi d'oublier », dit-il même dans un entretien [9]. Il se contente souvent de réclamer la responsabilité d'avoir retrouvé Stanislaus Zbyszko, une légende de la lutte gréco-romaine dont le nom lui était resté en tête, même s'il n'était pas du tout fan de ce sport. Dans une récente interview pour *Salon*, Dassin dit qu'il a joui d'une complète liberté sur le film. « Je ne voulais pas prendre un acteur et l'entraîner comme lutteur, mais faire le contraire. On m'a dit que Zbyszko était mort, mais je l'ai retrouvé dans le New Jersey [le *press-book* de l'époque dit New Hampshire], où il élevait des volailles. Il s'est révélé être un homme magnifique, cultivé, polyglotte, dont le physique ressemblait à une formation rocheuse. » On peut penser que c'est cette figure qui leur a inspiré l'astucieux truc dramatique faisant de Kristo (Herbert Lom) le fils de Gregorius. Obtenant l'amitié et le support de Gregorius, Fabian neutralise le mafieux promoteur. C'est aussi le genre d'épatant raccourci que pouvait inventer Zanuck au cours d'un de ses fameux dépeçages de script.

De même, les Figler et Nosseros du roman sont roulés en un seul protagoniste, l'un prêtant sa corpulence à l'autre, créant le personnage inoubliable joué par le dickensien Francis L. Sullivan, à la fois truculent et tragique. Qui devient du même coup central à l'histoire. Car c'est désormais un drame à trois, Phil Nosseros devenant presque plus important que Harry Fabian. Si Fabian est ramené au rôle de rat d'égout qu'il a dans le roman (*so long*, Cary Grant) et définitivement marqué par Widmark et son sourire cadavérique, c'est finalement Sullivan qui devient le moteur de l'histoire. Une fois qu'il se suicide, il ne reste plus que la poursuite finale, certes magistrale, mais attendue. Dassin, quant à lui, utilise au mieux les rues londoniennes encore crevées par les bombes, les quais de la rive sud et la Shot Tower, une fabrique de munitions vieille de deux siècles qu'on s'apprêtait à démolir pour construire le complexe culturel abritant aujourd'hui le British Film Institute (qui a retrouvé une copie de la version anglaise du film en 2002 et l'a montrée lors de sa rétrospective Richard Widmark). On reconnaît le clocher distinctif de St-Mary-le-Bow, les ponts de Hammersmith et Westminster, le Café Anglais sur Leicester Square. Dassin a même trouvé un véritable magasin d'articles pour mendiants et faux infirmes, nommé The Thieves Kitchen, du côté de Houndswitch, ainsi qu'une salle de catch dans le quartier d'Elephant and Castle. Il place le Silver Fox dans St-Martin's Lane, ruelle près de l'Old Vic assez connue pour avoir donné son titre à un film avec Charles Laughton. Mais pour tous ces détails documentaires, le film tient encore plus de la fantasmagorie. Aucun *bottle club* de Soho n'a jamais ressemblé au Silver Fox, avec son éclairage infernal, ses curieuses cloisons vitrées séparant le club et l'antre de Phil Nosseros, le tout construit aux studios de Shepperton. C'est pourtant l'image qu'on garde du film, avec celles de Widmark courant, fuyant, se terrant, puis faisant tout oublier en partant sur l'un de ses terribles rires jaunes.

Si Dassin est réticent à en parler, Tierney et Widmark (à part une mandale trop appuyée de Mike Mazurki qui l'a fait gicler hors du ring) semblent avoir gardé un bon souvenir du tournage, du temps clément et de l'incroyable coopération des londoniens. « Zanuck était un producteur très astucieux », déclarait Widmark à Kent Jones en 2001 [10]. « Il était dur

| [7] Screen Archives Entertainment, 2003, www.screenarchives.com | [8] *The Journey of Simon McKeever.* | [9] *Films and Filming*, février 1970. | [10] *Film Comment*, mai-juin 2001.

comme mec, mais très astucieux. Il adorait les scénaristes, et il savait vraiment ce qu'il faisait. Un très bon cinéaste. Un bon monteur aussi. »

Quant à Feldman, on pourrait croire qu'il avait encore Lee et Gerald Kersh sur le dos l'été de la sortie du film. Ou alors il est mauvais perdant, même s'il sera bien le seul à avoir gagné de l'argent sur cette affaire. Il voit le film en avant-première, puis semble s'en dissocier quand les critiques sont mitigées, et les entrées encore plus décourageantes. Nous n'avons plus que la réponse philosophe de Zanuck.

« Je ne te comprends plus. Après avoir vu *Night and the City* tu m'as dit à trois occasions que c'était un des meilleurs films de l'année, et qu'on avait mésestimé son potentiel de succès. Maintenant voilà que tout d'un coup on a dénaturé l'histoire [11]... »

« Le squelette de l'histoire »

Athènes, 16-6-2004

Cher M. Garnier,

Veuillez excuser cette réponse tardive à votre lettre, que je croyais avoir égarée et que je retrouve maintenant dans mon bureau, sans savoir comment elle y est arrivée.

Il ne me plaît guère de revenir sur l'affreuse expérience de *Night and the City* mais vous avez gagné mon cœur en comprenant que Marsha Hunt est une femme merveilleuse.

C'est une longue histoire, réellement douloureuse, aussi essaierai-je de la raconter brièvement.

D'abord, je n'étais absolument pas au courant de ces changements [sur la version anglaise] jusqu'à il y a très peu de temps ! Une gentille dame au BFI m'a appris qu'une musique différente avait été écrite pour la sortie britannique. M'étant procuré une copie, j'ai été horrifié – pas seulement par ce que je trouve être une musique idiote, mais aussi par les changements [12] effectués, que je considère stupides et au détriment du film. Je demeure sidéré que j'aie pu n'apprendre tout ceci que cinquante-trois ans après avoir fait le film. Et il m'est très pénible que Zanuck – envers qui j'avais véritablement une dette, pour une certaine conduite honorable – ait pu faire tout ça derrière mon dos et ne jamais en faire mention à la fin des années cinquante quand il est venu s'installer à Paris, où je le voyais très souvent. Voilà, c'est le squelette de l'histoire – mais je ne puis me résoudre à la revivre.

Bien à vous,

Jules Dassin

P.S.

– Je n'ai jamais entendu parler de Christopher Husted et n'ai rien lu de lui.

– Évidemment non, je n'ai pas filmé ces *retakes*.

– Oui oui, Joe Eisinger était à Londres avec moi. Et le plus gros du script est de lui.
– Non, je n'ai pas vu Zanuck à Londres quand j'y étais avec Sam Engel. Et il n'y a jamais eu de *story conference* avec Zanuck, où que ce fût.
– Une fois le film terminé je suis retourné à L.A. Je n'y ai pas vu Zanuck. Douglas Fairbanks Jr, qui m'a aidé à Londres pour la distribution des petits rôles – un vrai gentleman, d'une grande gentillesse –, m'a laissé entendre que je ne devrais pas tenter de voir Zanuck en rentrant, ni de mettre les pieds à la 20th Century Fox. Il était clair que Zanuck lui avait demandé de me dire ça.
– Je n'ai jamais vu Waxman là-bas non plus – tout au plus avons-nous pu nous entretenir par téléphone. Pas plus que je n'ai pu trouver Eisinger, que j'aimais beaucoup et qui j'en suis certain était le seul qui ne m'aurait pas blackboulé ni fermé sa porte.

Strangler Tierney

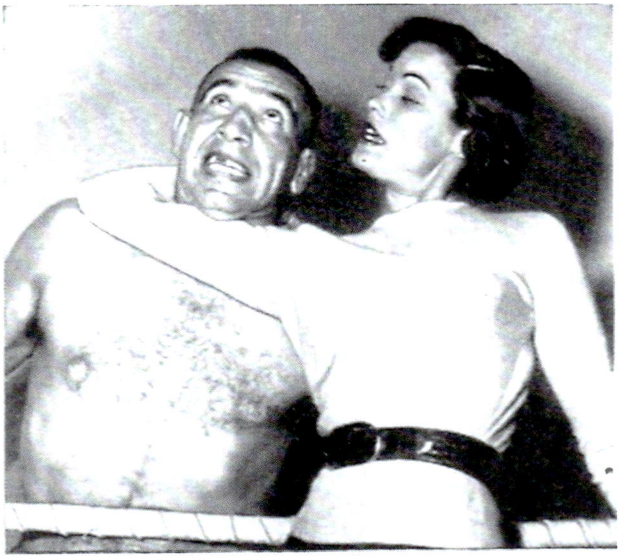

Gene Tierney, who wouldn't be expected to know such things, demonstrates on actor-wrestler Mike Mazurki a hold she learned from the Greek champion wrestler Stanislaus Zybszko, while they all were in London, at work on Twentieth Century-Fox's "Night and the City," co-starring Gene and Richard Widmark and due .... at the .... Theatre.
Still 776/s/81 Mat 2C

| [11] Zanuck à Feldman, 7 juin 1950. | [12] Dassin écrit *remakes* pour *retakes*.

Érik Bullot | **Éloge de Naomi Kawase**

Dans le film *Katatsumori* (1994), une main se pose sur une moustiquaire, caresse à distance la silhouette courbée d'une vieille dame qui sarcle, au loin, dans son jardin. La main est celle de la cinéaste japonaise Naomi Kawase. La silhouette qui bine, ratisse, est celle de sa grand-mère adoptive. Comment s'approcher du lointain, de ce qui s'estompe, de ce qui fuit ? Comment filmer celui qui s'absente, se dérobe, se dissimule ? Ces questions nourrissent largement la thématique personnelle de la cinéaste ; l'ensemble de son œuvre est hantée par l'absence du père et ses divers avatars : la disparition, la mort imminente d'un proche, le départ. Si l'œuvre de Naomi Kawase rencontre autant de succès critique [1], c'est bien sûr pour sa beauté formelle et sensible, l'engagement autobiographique de la cinéaste, la sûreté de sa mise en scène. Mais c'est aussi parce qu'elle constitue un repère, une balise à l'intérieur du territoire nouveau, entre « cinéma d'auteur » et documentaire, vidéo d'artiste et film expérimental, qui se dessine aujourd'hui.

On observe en effet l'apparition récente d'un tiers-cinéma [2], en marge du cinéma dit commercial mais ne renonçant pas pour autant à quelques incursions dans l'industrie (c'est le cas de Naomi Kawase), sensible aux recherches formelles sans appartenir au milieu constitué du cinéma expérimental, usant de la vidéo numérique sans renoncer pour autant aux formats plus traditionnels (Super-8, 16 mm, 35 mm) et surtout, sur le plan thématique et stylistique, jouant sur les frontières entre fiction et documentaire, essai filmé et autobiographie. S'il reste difficile d'avoir une vue en surplomb de ce territoire, par définition lacunaire, on peut noter le même refus d'une opposition frontale à des formes traditionnelles (il n'y a plus de relève utopique en perspective) au profit d'un jeu plus labile entre la marge et le centre, qui avive les contradictions, au croisement de l'intime et du monde. Ce cinéma ne se confond pas avec le post-modernisme ; il explore le récit, le personnage, l'affect, l'émotion, comme autant de possibles. Cinéma virtuel, en un sens, qui exacerbe les puissances du cinéma. L'une de ses caractéristiques essentielles, à mes yeux la plus riche d'enjeux, concerne la place de l'auteur que le « cinéma d'auteur », au cœur des années 1970, a fortement ébranlé. Cette crise majeure a été ensuite l'objet d'un violent déni ; elle connaît aujourd'hui un retour et trouve sans doute sa meilleure réplique dans le dialogue qu'entretiennent artistes et cinéastes, travaillant, parfois à leur insu, au retour du refoulé.

C'est dans ce contexte que le cinéma de Naomi Kawase trouve toute sa pertinence : mélange des genres (documentaire, fiction, journal filmé, essai autobiographique), mise à l'épreuve des notions de point de vue, de plan, de hors-champ, de construction du récit, définition d'une relation élémentaire entre soi et le monde. Il ne s'agit pas ici d'ériger l'œuvre en modèle mais plus simplement d'observer comment elle précipite l'invention de formes complexes et contradictoires. Nous sommes nombreux à ne pas avoir fait complètement le deuil de l'idée même d'invention formelle. Désormais fragile, cette invention ne suppose plus l'avenir d'un homme nouveau, doué de capacités sensorielles inouïes ; elle se construit, pas à pas, de proche en proche, dans la douce invention d'un rapport au monde. La parole de soi tremble dans le vacillement du sujet.

Lorsque Naomi Kawase filme sa grand-mère, celle-ci sourit puis finit par être gênée par le regard insistant de la caméra. « Arrête ! », demande-t-elle, agacée et heureuse à la fois. La cinéaste continue pourtant à tourner et franchit ce faisant un seuil d'impudeur. L'insistance et le retrait : deux termes qui qualifient le mouvement complexe des films de Kawase. La dissolution de l'auteur s'accompagne d'une expression de sans-gêne inattendue. La cinéaste, en produisant un battement, un jeu entre apparition et disparition, dessine un territoire qu'elle se hâte de quitter aussitôt. Toute clôture est déjouée. Si l'œuvre de Naomi Kawase nous permet de mieux comprendre un pan nouveau du cinéma, c'est parce qu'elle inquiète précisément l'idée même de territoire. Ce mouvement complexe trace sa paradoxale signature.

1. La disparité

Dans *Ni tsutsumarete* (1992), en quête de son père qui l'a abandonnée durant sa petite enfance, Naomi Kawase parle à la première personne. Sa voix est le fil directeur d'un récit des origines. « Comment s'appelle mon père ? » demande-t-elle à sa grand-mère (la vraie) qui lui déconseille vivement de se mettre à sa recherche. S'engage pourtant, malgré cette réticence, une enquête rétrospective : Naomi se rend aux adresses de son enfance pour confronter ces lieux urbains, anonymes (rues, cours, escaliers) aux photographies tirées de l'album de famille. Elle lit les anciennes adresses de son père depuis leur séparation, cherche dans l'annuaire son numéro de téléphone et finit par le joindre. En deçà du récit proprement dit frappe ici la matière extrêmement disparate du film : bribes de conversations téléphoniques, de dialogues, sans synchronisme avec l'image ; images du présent, simples et quotidiennes (le soleil couchant, une fleur blanche, un filet d'eau, un escargot, des arbres agités par le vent, des portraits de sa grand-mère) ; images de la mémoire (photographies d'album de famille, registres d'état civil, *home movies*). Le style du film, haché, disruptif, répond ainsi à l'incertitude du « je ». La matière elle-même de la pellicule est fragile (grain apparent dû à l'usage du Super-8, rayures), souvent surexposée, exhibant sa blancheur à la manière d'une brûlure. Cette fragilité du filmage, par petites touches vives, n'est pas sans évoquer les journaux filmés de Jonas Mekas. La recherche des origines se construit sur les intervalles d'une matière disjonctive. Ce caractère lacunaire vaut pour nombre de ses films.

Venue de la photographie dont elle emprunte souvent la méthode de travail (autonomie des moyens, légèreté du matériel), elle n'hésite pas cependant à recourir à un cadre de pro-

---

| [1] Lauréate de la Caméra d'or à Cannes pour son premier long métrage de fiction *Suzaku* (1997), nombreuses rétrospectives dans des festivals de documentaire ou des musées d'art contemporain, diffusion de ses films autobiographiques sur La Lucarne-Arte. | [2] On lira à cet égard « Abécédaire du Tiers-Cinéma », Vincent Dieutre, *La Lettre du cinéma*, n° 21, 2003, p. 75-85.

Sharasojyu.

Suzaku.

duction plus lourd pour le long métrage de fiction (*Suzaku, Hotaru, Shara*). On trouve également des dispositifs et des genres très différents, qui peuvent aller de portraits intimes de sa grand-mère, discrets et sauvages (*Katatsumori*), à de courtes méditations poétiques (*Ima*, 1989), d'un journal filmé pour accompagner les derniers moments de la vie d'un ami malade (*Tsuioku no dansu*, 2002) à un documentaire personnel sur des paysans de la province de Nara dont elle est originaire (*Somaudo monogatari*, 1997). Si certains films présentent une forme plastique d'une plus grande homogénéité (c'est le cas de *Shara*), la disparité se retrouve en revanche au niveau thématique. Le monde qui se déploie sous nos yeux est un monde défait, hétérogène, à l'instar du tissu lacunaire de la famille de *Susaku*, divisée, écartelée par sa situation géographique entre ville et montagne, l'hésitation affective de ses membres, le mutisme qui envahit peu à peu les personnages. Les relations entre les membres de la famille sont ambiguës. Le spectateur hésite d'ailleurs longtemps sur la nature des liens de parenté. Qui est le père ? Quel est le lien exact entre Michiu et Eisuke ? Or c'est bien le sujet du film. La famille de l'oncle, à la manière d'une famille adoptive, peut-elle se substituer à celle du père ? Michiu est amoureuse de Eisuke, son cousin ; celui-ci est amoureux de sa tante. Le trouble incestueux, l'écart entre le sentiment et la généalogie, traduisent bien la disjonction affective qui informe la mise en scène privilégiant les instants de suspens, les pauses méditatives, les échanges muets, la scénographie des corps qui se cherchent tout en s'évitant. Si le désir d'un apaisement, d'une délivrance semble si vif, si âpre, si exaspéré dans les films de Naomi Kawase, c'est bien parce qu'un déséquilibre préexiste à cette quête.

Au regard de cette situation, la question de l'auteur apparaît cruciale tant la recherche de l'apaisement conduit la cinéaste à inventer, au double sens de création et de trouvaille, sa place au sein de ce milieu disparate. L'auteur fait défaut (c'est le moteur de la quête de la cinéaste) mais il est aussi, paradoxalement, le point qui permet dans l'après-coup de réunir le tout disparate, de donner sens, à la manière du point de capiton. D'où sa position, à la fois effacée et omniprésente. Si d'un côté la main qui entre dans le champ, caresse le monde à distance, et la voix *off*, parfois brisée ou joueuse, disent la proximité du corps de la cinéaste, de l'autre l'atomisation du matériau, la disparité des formes, les ellipses des récits, traduisent la difficile élaboration du sujet. C'est cet équilibre fragile qui fait la ténuité et la force des propositions de Naomi Kawase. Le sujet ne peut se dire que dans la suture d'un tissu lacunaire.

2. La disparition

Non seulement la quête autobiographique du père absent est le sujet de plusieurs films, *Ni tsutsumarete* et *Kya ka ra ba a* (2001) notamment, mais la disparition est une figure latente de la quasi-totalité des films. C'est cette menace qui donne aux films de Naomi Kawase leur curieuse lumière, crépusculaire. Il suffit de penser à la disparition énigmatique du frère (ravi par les dieux ?) qui ouvre et fonde le récit de *Shara*. Que l'on songe également à ce très beau plan de *Kya ka ra ba a* où la cinéaste filme son ombre sur le tronc des arbres au couchant,

Colonne de gauche : *Katatsumori* (haut et milieu), *Kya ka ra ba a* (bas). Colonne de droite : *Nitsutsumarete*.

en agitant les bras, avant que le regard ne se perde dans les frondaisons. Même dans un récit ordinaire, tiré de la vie quotidienne, il semble toujours qu'un personnage soit manquant ou sur le point de s'effacer. *Suzaku* est caractéristique de cette tension. À l'absence de l'oncle (il s'évapore dans la forêt de manière énigmatique, voire suicidaire, ne laissant comme seul indice, peut-être intentionnel, de sa fugue qu'une caméra Super-8 avec son film, visionné ensuite par les membres de la famille comme un message d'outre-tombe) répond la construction elliptique du film [3]. Celle-ci semble gagnée, de manière épidémique, par les blancs, les intervalles, les écarts, comme si la figure de l'absence finissait par affecter le tissu de l'ensemble, défaisant les mailles une à une, induisant les suspens temporels, la retenue des personnages, la dérive des sentiments, le mutisme général.

Mais le cinéma de Naomi Kawase n'explore pas seulement l'après-coup du travail du deuil ; la mort proche, à venir, menace l'ordre du récit. En effet, ce qui donne relief dans *Suzaku* à la fugue mystérieuse de l'oncle, c'est la déshérence de la région. Les vieux paysans doivent quitter la montagne, chacun s'interroge sur son départ possible pour la ville. Le film est ponctué de ruptures, à l'instar de la scène finale de séparation entre Michiu et Eisuke. Face à face, distants, ils optent timidement pour une poignée de main au lieu de l'embrassade. La distance entre les corps, leur réserve, la crainte du toucher traduisent bien *a contrario* comment l'accolade ou l'étreinte sont des tentatives de conjuration contre la disparition prochaine des êtres et du monde.

À la demande du photographe et éditeur Nishii Kazuo, atteint d'un cancer, Naomi Kawase filme ses derniers moments dans *Tsuioku no dansu*. La chambre d'hôpital, la fenêtre et le cerisier, la toux rauque du malade, les bribes de dialogue souvent interrompues portent en filigrane l'ombre d'une menace aveuglante : la mort imminente. Mais cette temporalité, entre deuil et catastrophe, n'est-elle pas propre à la plupart de ses films, où affleure constamment le sentiment du passage du temps ? Le couple d'amoureux de *Shiroi tsuki* (1993), en admirant le crépuscule ou en allumant des feux d'artifice, semble vouloir prolonger à loisir un temps de pur suspens dont on devine la fragilité menaçante. Les portraits de sa grand-mère, qui obéissent au rythme des travaux du jardin potager et au cycle des saisons, sont pris eux-mêmes dans le double rappel de l'absence : celui d'une enfance sans père et celui d'un âge adulte à venir sans grand-mère. D'où l'importance du quotidien, du vernaculaire, de l'infra-ordinaire comme exacerbation du présent : les fleurs dans la lumière, le filet d'eau du robinet, les gouttes de pluie, le sarclage du jardin, le poisson frit dans la poêle, les nuages qui passent sont autant d'illuminations fugaces qui éclairent notre perception du temps. « Je filme pour me sentir vivante », confie-t-elle à Nishii dans *Tsuioku no dansu*.

Au début de *Kya ka ra ba a*, Naomi apprend la mort de son père. Elle se rend chez un tatoueur et lui montre les photos de son père, lui-même tatoué ; elle s'interroge sur la possibilité de se faire tatouer de manière identique. « Vous cherchez à vous apaiser », dit-il. « Mon âme connaît déjà la douleur », répond-elle. Le tatouage devient la métaphore de la filiation. Il autorise, par contact, la délivrance d'un legs sous une forme initiatique. C'est cette tension entre la trace et sa disparition qui fonde l'économie du cinéma de Naomi Kawase.

3. Le franchissement

Cette tension suppose son dépassement. Me frappe ainsi l'insistance de certains motifs – pont, tunnel, couloir, fenêtre, qui tous induisent l'idée d'un franchissement. Ce sont les longues déambulations dans les ruelles de Nara qui offrent le cadre dramaturgique de *Shara*. Je songe à ce travelling, au début de *Kya ka ra ba a*, qui longe sans fin la membrure métallique d'un pont pendant qu'une voix au téléphone annonce à Naomi le décès de son père. Je pense au pont de *Suzaku* au-dessus de la végétation, emprunté régulièrement par les personnages, ainsi qu'au tunnel dans lequel ils se rendent en souvenir de l'oncle disparu. Chacun de ces passages (traverser une voie, passer un seuil, sortir d'un territoire) renvoie à la mort ou à l'absence d'un proche. À l'instar du tatouage ou de la mue de l'insecte entre les doigts de la tante dans *Suzaku*, il évoque également, de manière allégorique, une possible renaissance spirituelle. C'est d'ailleurs l'un des thèmes du très beau *Somaudo monogatari*, documentaire sur les paysans de Nara qui expriment, chacun à leur tour, leur désir de renouveau ou de renaissance. Le franchissement vise toujours une métamorphose, sinon un affranchissement.

Sortir hors de soi, ne rien dissimuler, provoquer une rencontre inattendue par des appels téléphoniques au père disparu, portraiturer longuement un ami malade sont des situations risquées, suscitant parfois la gêne et l'impudeur. L'équilibre reste toujours précaire entre la quête des origines et le narcissisme, l'introspection et le pathos, l'accompagnement et le voyeurisme. Le cinéma de Kawase joue avec cette limite. La délectation narcissique affleure par instants, ainsi qu'une certaine complaisance voyeuriste, mais cette transgression est le sujet même des films : il s'agit de provoquer un retour du regard sur lui-même. Lorsqu'elle continue de filmer sa grand-mère qui lui demande pourtant d'arrêter, Naomi malmène notre position de spectateur, pris entre l'exaspération et la tendresse, l'angoisse et le rire. (Sans doute est-ce la raison pour laquelle elle se fait filmer par sa grand-mère, en signe d'échange complice, dans *Katatsumori*). La construction de *Ni tsutsumarete* est fidèle à ce principe. Après les conversations avec ses proches sur la famille désunie, c'est une longue séquence au miroir qui autorise la recherche du père. Naomi Kawase filme au-delà d'une limite afin de provoquer le retournement du modèle, du personnage ou du spectateur sur lui-même.

Dans une séquence de *Tsuioku no dansu*, Nishii Kazuo peut enfin sortir dans le jardin de l'hôpital sur son fauteuil roulant. Il converse avec la cinéaste, un appareil photographique entre les mains. Alors qu'il s'apprête à prendre une photographie, il est secoué d'une toux irrépressible, longue, douloureuse, qui l'en empêche. Il doit prendre des mouchoirs en papier blanc, par poignées entières, pour essuyer ses lèvres. Souffrance et absurdité de la douleur. On en vient à se demander pourquoi la cinéaste continue à filmer. Mais après un premier mouvement d'agacement, c'est une sensation de pur présent qui reflue vers nous, vibrante de la scansion des mouchoirs de papier, des cris d'enfant au loin, de la lumière devinée derrière le malade. Sentiment du temps, beau et douloureux à la fois comme un souvenir, qui a franchi le seuil de l'obscène. Certes, le franchissement de ce point peut excéder la pudeur légitime de chacun. Mais le foyer de ce film, son centre d'attraction, conjuré et redouté dès le début, n'est-il pas précisément le regard absent de Nishii, vide, sans réponse, au bord du coma, filmé par la cinéaste, alors qu'on lui prodigue les derniers soins ? L'une

---

[3] Difficile de ne pas faire le rapprochement avec le film de Henri-François Imbert, *Sur la plage de Belfast* (1996). Le film trouvé est devenu désormais un lieu commun, au sens propre, du cinéma contemporain. Un *Ur*-film est toujours logé au cœur du film.

À gauche : *Suzaku*. À droite : *Katatsumori*.

des tâches des cinéastes aujourd'hui n'est-elle pas d'inventer des formes encore possibles à partir du franchissement de ce point d'obscénité ?

4. La reconnaissance

Dans l'un de ses premiers films, *Papa no sofuto kuriimu* (1988), la cinéaste met en scène la rencontre entre une adolescente et son père, qu'elle n'a pas connu. La jeune fille se rend dans un bar tenu par celui-ci. Un ruban rouge dans ses cheveux permet à son père de la reconnaître, mais ils se contentent d'échanger des paroles banales sans qu'une véritable rencontre ait lieu (la jeune fille ne dira rien qui puisse témoigner de sa quête). La reconnaissance reste toujours partielle, incomplète, tardive. Le cinéma de Kawase, qui évite le piège de la clôture, n'est pas un cinéma de la réconciliation. Après les échanges téléphoniques avec le père, *Ni tsutsumarete* se conclut par un plan fixe, silencieux, émouvant, de celui-ci, regardant la caméra. Rien d'autre ne sera dit de leur rencontre, définitivement hors champ. *Kya ka ra ba a* se termine, lui, par un plan au point du jour montrant la cinéaste nue qui court, de dos, exhibant son tatouage. Ces deux images semblent se répondre. Le tatouage dorsal est le contrechamp du regard-caméra du père. Ce jeu d'échos et de rimes au sein de l'œuvre témoigne de la richesse des propositions, mais surtout du caractère ambigu de la reconnaissance, jamais assurée, toujours reconduite, espérée et conjurée à la fois. On ne sait pas exactement jusqu'à quel point la cinéaste souhaite être reconnue. Chaque film porte en lui un point de non-résolution, une fin ouverte. Cette incertitude, qui est aussi une manière de protection, invite la cinéaste à multiplier les gestes de reconnaissance.

Éprouver sa relation au monde suppose en effet pour elle un acte de nomination élémentaire. Dans *Katatsumori*, Naomi cadre successivement, de manière virevoltante, différents motifs qu'elle nomme en direct, rieuse et enjouée, à la manière d'un d'abécédaire : « insecte ! », « soleil ! », « grand-mère ! », « Naomi ! », « rose ! », « chien ! ». Dans *Utsushiyo* (1996), elle demande à des personnes rencontrées à Shibuya de prononcer son nom, renouvelant ainsi une posture d'adoption : « Naomi Kawase ! », disent-ils tour à tour, en regardant fixement la caméra. « Je m'appelle Naomi Kawase », dit-elle au téléphone, confuse, d'une voix fragile, à son père, dans *Ni tsutsumarete*. L'identité vacille au motif de l'adoption. Le geste de reconnaissance doit se renouveler sans cesse, itératif, lancinant. D'où son caractère élémentaire et répétitif. On peut relever par ailleurs la prédilection de la cinéaste pour l'élémentaire dans l'attention extrême portée à la nature (le vent dans les arbres, les éclats de lumière, les flaques d'eau, les fleurs, les montagnes) et au cycle des saisons à travers le rituel du jardinage, la combinatoire élémentaire de ses films (*Ima* multiplie les références croisées aux quatre éléments), voire de leurs titres (*Kya ka ra ba a* peut se traduire par « Le ciel, le vent, le feu, l'eau et la terre »).

Sans doute l'influence shintoïste de la culture japonaise joue-t-elle un rôle, mais on retiendra surtout dans ce goût pour l'élémentaire sa composante cyclique. Deux temporalités contradictoires se superposent en effet dans les films de Kawase : l'une, linéaire, proche de l'enquête et du récit des origines, tendue vers un point de reconnaissance sans cesse ajourné ; la seconde, circulaire, proche de la variation formelle, œuvrant à la répétition d'un même processus [4]. Le caractère paradoxal de la reconnaissance, à jamais inachevée, impossible, ouvre un cycle, une saison, le retour du même.

5. La ritournelle

Kya ka ra ba a s'ouvre sur une chanson fredonnée d'une voix douce. Dans *Ni tsutsumarete*, on peut entendre assez longuement le rythme d'une boîte à musique, ainsi que les différents airs tirés d'un jouet mécanique. Une chanson ouvre et clôt *Suzaku*. « Venez tous jouer à cache-cache », chantent des voix enfantines sur un panoramique qui se perd dans la montagne tandis qu'une grappe d'enfants s'accroche à un arbre au premier plan. À la fin du film, le même panoramique découvre le paysage en l'absence des enfants. Chansonnettes, comptines, boîtes à musique ponctuent les films de Kawase. Ce penchant pour la ritournelle se retrouve dans le chant des cigales, omniprésent, le moteur de la caméra qui vrombit dès qu'elle se rapproche des visages, la sonnerie du téléphone, la respiration de la grand-mère dans *Katatsumori*. Ritournelle aussi dans le retour des mêmes motifs : les fleurs du cerisier, les arbres battus par le vent, le visage de la grand-mère, les semailles, les saisons, les montagnes de Nara. Mais ces paysages ne sont-ils pas ceux de la province natale de la cinéaste ? « On appelle ritournelle tout ensemble de matières d'expression qui trace un territoire [5]. » La ritournelle, selon Deleuze et Guattari, est un marquage pour délimiter un cercle et le franchir. N'a-t-elle pas précisément cette fonction dans les films de Kawase ? La chanson de *Suzaku*, liée au paysage, signale à la fois la force d'attraction et de répulsion du

[4] On lira à ce sujet Aaron Gerow, « Ripetizione e rottura nei film di Kawase Naomi », dans l'excellent ouvrage, *Kawase Naomi, i film, il cinema*, publié sous la direction de Maria Roberta Novielli aux Éditions Effatà (Turin) en 2002, à l'occasion du premier Infinity Festival (Alba). Le seul ouvrage à ma connaissance consacré à la cinéaste.

[5] Gilles Deleuze, Félix Guattari, *Mille plateaux*, Paris, Minuit, 1980, p. 397.

territoire. Il faudrait évoquer à cet égard le thème du film, lancinant et répétitif, au piano, repris le plus souvent lors de suspens temporels, dessinant une ligne de fuite. On pourrait en dire d'ailleurs autant du motif de la pluie. Je pense aux gouttes d'eau de *Kya ka ra ba a*, aux scènes d'orage et à l'averse énigmatique et lumineuse de *Suzaku*.

Qu'il s'agisse des montagnes de Nara, des maisons d'enfance perdues et retrouvées, du jardin potager de sa grand-mère, des fenêtres et des ponts de *Suzaku* ou du tatouage sur son corps, Naomi Kawase s'attache à délimiter et à franchir un territoire. Telle est la fonction de la ritournelle. Elle crée une fréquence, un rythme qui permet de passer un seuil, d'excéder une limite. La nature disparate de ses films s'explique ainsi par l'entrelacs lacunaire formé d'une multitude d'enclaves. Le plan a moins pour fonction de délimiter une forme que de capter des forces ; il crée des points de circulation. Les films de Naomi Kawase ne visent pas un point de résolution ; ils obéissent plutôt au remous, au tourbillon provoqué par l'influence d'une sorte de trou noir (l'absence du père, le ravissement du frère dans *Shara*, le tunnel abandonné de *Suzaku*).

Si l'œuvre de Naomi Kawase permet de mieux interroger le tiers-cinéma, c'est précisément parce que le marquage du territoire et son franchissement en sont les motifs profonds. C'est ce battement qui me semble aujourd'hui fécond. Car le mouvement propre à la ritournelle permet d'éviter nombre d'écueils : la tentation narcissique, l'exaltation d'un Japon archaïque, la pulsion voyeuriste. Le propos de la cinéaste pourrait sembler parfois réactif ou régressif ; il en est précisément empêché par un jeu d'interstices et d'écarts qui oblitère le geste de reconnaissance. C'est ce risque qui fait la force de ses films. Ce n'est pas un cinéma moderniste ; il renoue avec le sujet, la possibilité du récit et du personnage, sans renoncer pour autant à l'invention d'une forme. « Comment s'approcher du lointain, de ce qui fuit ? Comment filmer celui qui s'absente, se dissimule ? », écrivions-nous en ouverture. Le film est le crible d'une trace qui se retire. La forme naît paradoxalement de son retrait.

Naomi Kawase - filmographie

1988 *Watashi ga iki to kakawatte iko to suru jibutsu no gutaika (Concrétisation de ces choses qui surgissent autour de moi)*, Super-8, 5' | 1988 *Watashi wa kyomi o motta mono o okiku fikkusu de kiritoru (Je fixe mon regard sur ce qui m'intéresse)*, Super-8, 5' | 1988 *My J-W-F*, Super-8, 7' | 1988 *Papa no sofuto kuriimu (la Glace de Papa)*, 16 mm, 5' | 1989 *Tatta hitori no kazoku (Mon unique famille)*, Super-8, 10' | 1989 *Ima (Maintenant)*, Super-8, 5' | 1989 *Chiisana okisa (Une petite grandeur)*, 16 mm, 12' | 1990 *Megamitachi no pan (le Pain des déesses)*, 16 mm, 25' | 1991 *Kofuku modoki (Comme le bonheur)*, Super-8, 20' | 1992 *Ni tsutsumarete (Étreinte)*, 16 mm, 40' | 1993 *Shiroi tsuki (Lune blanche)*, 16 mm, 55' | 1994 *Katatsumori (Escargot)*, 16 mm, 40' | 1995 *Ten, mitake (Regardez, le ciel)*, 16 mm, 10' | 1995 *Kaze no kioku - 1995.12.26 shibuya ni te (Mémoire du vent - 26 décembre 1995 à Shibuya)*, vidéo, 35' | 1996 *Utsushiyo (Ce monde-ci)*, Super-8, 60' | 1996 *Hi wa katabuki (le Soleil couchant)*, Super-8/16 mm, 45' | 1997 *Moe no Suzaku (Suzaku)*, 35 mm, 95' | 1997 *Somaudo monogatari (le Pays boisé)*, 16 mm/Super-8/vidéo, 73' | 1999 *Mangekyo (Kaléidoscope)*, 16 mm, 85' | 1999 *Tayutau ni kokyo - Hitori kurashi o hajimete, sannenme no aki ni*, vidéo/Super-8, 45' | 2000 *Hotaru (les Lucioles)*, 35 mm, 164' | 2001 *Kya ka ra ba a (le Ciel, le Vent, le Feu, l'Eau et la Terre)*, vidéo, 50' | 2002 *Tsuioku no dansu (Lettre d'un cerisier jaune en fleur)*, vidéo, 70' | 2003 *Sharasojyu (Shara)*, 35 mm, 100'.

Adriano Aprà | **La ligne et le cercle**

Diario di un vizio (Journal d'un vice), Marco Ferreri

Il n'est pas difficile de percevoir en Benito Balducci (Jerry Calà) l'écho d'autres hommes solitaires et solipsistes : le professeur de l'épisode homonyme (Ugo Tognazzi) ; l'homme aux ballons (Marcello Mastroianni) qui trouve une issue à son idée fixe dans le suicide [1] ; le *designer* (Michel Piccoli) de *Dillinger è morto* (*Dillinger est mort*, 1969) qui échappe à son apathie par l'abandon utopique du monde civilisé ; l'Amedeo (Enzo Jannacci) de *L'udienza* (*l'Audience*, 1972), autre compilateur de journaux intimes, qui meurt par impossibilité de communiquer ; Serking (Ben Gazzara), « l'homme qui aimait les femmes » de *Tales of Ordinary Madness* (*Storie di ordinaria follia/Conte de la folie ordinaire*, 1981) ; le Michel (Christophe Lambert) de *I Love You* (1986). Mais la continuité thématique est secondaire à côté de la rupture radicale qu'opère *Diario di un vizio*, sur le plan du style, par rapport aux autres films de Ferreri. Cette rupture, ou mieux ce renouvellement, confirmé par les films suivants, « *Faictz ce que vouldras* » et *Nitrato d'argento* (*Nitrate d'argent*), son film sur les spectateurs du cinéma, peut être défini de bien des manières [2]. Par exemple comme un passage net de l'objectivité à la subjectivité, de la troisième à la première personne ; comme dépassement du temps chronologique, concentré dans une intrigue, voire dilaté dans une durée, en faveur d'une parcellisation et d'un brassage des temps ; comme abandon du cinéma de fiction, même *sui generis* comme celui de Ferreri, et expérimentation de ce que faute de mieux je définirai comme essai cinématographique, ou essai-fiction, voire narration ou relation philosophique (plutôt que conte philosophique). Ferreri montre en cela qu'il est sur la même longueur d'onde que certaines tendances du cinéma contemporain, marginales peut-être mais à mes yeux fondamentales : de l'Orson Welles de *F for Fake* à Godard, du Woody Allen de *Zelig* à Boris Lehman, de Jonas Mekas à tous les auteurs de « journaux », autobiographes et compilateurs de *home movies* ; des tendances que l'on retrouve, pour rester en Italie, dans *Non ho parole* (1992) de Pasquale Misuraca, dans *Caro diario* (*Journal intime*, 1993) de Nanni Moretti, dans *Piccoli orrori* (1994) de Tonino De Bernardi – films qui partagent, entre autres, une démarche épisodique, compilatoire, et qui ont un antécédent, aussi lointain soit-il, chez Rossellini (Rivette, en 1955 : « Il y avait *le Fleuve*, premier poème didactique : il y a maintenant *Voyage en Italie*, qui, avec une netteté parfaite, offre enfin au cinéma, jusqu'alors obligé au récit, la possibilité de l'essai »).

| [1] *Il professore*, épisode de *Controsesso* (1963-64) ; *L'uomo dei 5 palloni* (1963-64), devenu l'épisode (« acte ») *L'uomo dei 5 palloni* de *Oggi, domani, dopodomani* (1965) puis, retourné et remonté, *Break-up/L'uomo dei palloni* (1968). | [2] « *Faictz ce que vouldras* » (1994), réalisé pour une soirée François Rabelais d'Arte ; *Nitrate d'argent* (1996), dernier film de Ferreri.

Marco Ferreri, *Diario di un vizio.*

lubrique, vicieuse...

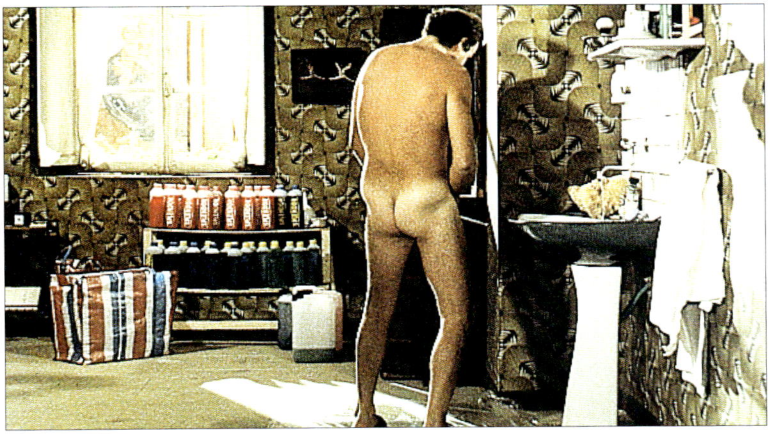

« J'ai toujours cherché, dit Ferreri, des parcours nouveaux pour la construction de l'image et je voudrais que tout cela détermine de plus en plus la structure du récit. Je voudrais contaminer les vieilles définitions de documentaire et film narratif pour aboutir à un cinéma qui contienne des aspects de l'un et de l'autre, un cinéma insolite. C'est ce que je ressens comme le plus proche de ma conception du cinéma, ce que je recherche actuellement, le dilemme que je tente de résoudre [3]. »

Le film s'ouvre sur un plan parfaitement divisé en deux par la ligne qui sépare la plage de la mer, où se reflète le soleil du crépuscule ; le titre même du film est graphiquement divisé en deux par cette ligne, que traverse de droite à gauche la silhouette d'une jeune fille. Le gros plan suivant de Jerry Calà en pleurs, désolé, nous fait comprendre qu'il s'agissait d'un cadrage subjectif. Puis Calà se lève et s'éloigne tout habillé dans l'eau, mais il s'arrête à mi-chemin, suspendu entre la fille qui n'est plus là et le soleil qu'on entrevoit à l'horizon, tandis que la chanson de Nino D'Angelo (*Chisà si me pienze*, « Peut-être penses-tu à moi ») nous communique immédiatement, sentimentalement, la douleur qui le tourmente. Le film se termine, sous le générique de fin, par une série de photos, comme un album de famille, dans une synthèse rapide ; mais la dernière nous surprend parce qu'étrangère à la série : c'est une photo de tomates rouges et pleines (la chanson de fin est – allusion phallique ? – *Banana*).

Les plans initial et final paraphent les deux figures stylistiques dominantes : la ligne et le cercle. La ligne, ou disons la bidimensionnalité, voire l'absence de « perspective » à tous les sens du terme, est ce qui caractérise Benito. Le cercle, la rondeur des chairs, des seins, des ventres, des fesses, est ce qui caractérise Luigia (Sabrina Ferilli) et ses « sœurs » : c'est la vie vécue avec franchise, presque avec une spontanéité « animale ». Du point de vue de Benito cependant, le cercle comporte une fermeture : c'est la toile d'araignée des femmes qui l'attirent et dont il se laisse circonvenir ; c'est la flânerie à pied ou en tram, dans la « ligne de ceinture », pour se retrouver toujours au point de départ, dans une exténuante compulsion à répéter, là où le mouvement est illusoire et se résout en stase ; c'est, si l'on veut, aussi le cercle du soleil, mais si pâle et si lointain qu'il perd la valeur de symbole utopique qu'il avait encore dans *Dillinger è morto* et *I Love You*. (Il reste tout au plus, dans le sentiment global communiqué par le film, la nostalgie du ventre maternel, la grande eau où Benito voudrait retourner en disparaissant.) Pour la femme, le cercle est une donnée naturelle ; pour Benito, c'est l'autre, la profondeur de champ qui s'annonce à lui « au-delà de la fenêtre » (même dans sa variante sacrée : la Madone de la première pension), tandis que le moi reste une ligne plate : comme celle qui s'étale sur les pages du journal intime, vainement ravivée par des images photocopiées et stérilement animée par la multiplication de la voix qui le lit, le dit à lui-même ou au spectateur, le dicte au magnétophone ou le récite hors champ.

Mais, distincte de cette régression de l'écriture et de la voix à la bidimensionnalité sta-

[3] Angelo Migliarini, « L'ossessione dell'immagine (Intervista a Marco Ferreri) », in Stefania Parigi (a cura di), *Marco Ferreri. Il cinema e i film*, Nuovocinema/Pesaro 48, Venise, Marsilio, 1995.

non io soltanto, ma le ho ricam-
biato la pariglia.

Quindi perciò nervi per colpa
della mia fretta ed imprudenza.

EREZ. per acqua o per aumen-
tata virilità?

TEMP. termometro grande: 36.7

Divertimento con Luigia.

Erezione discreta a Pietralata.

Pages 59, 61 et 62 :
Diario di un vizio :
pages du Journal de
Benito Balducci,
calligraphiées
et mises en page par
Massimo Bucchi
sur indications
de Ferreri.

tique, il y a l'écriture et la voix cinématographique de Ferreri. Si le personnage est condamné par la diégèse, il est absous par les images et les sons, qui réagissent dialectiquement à la « lettre » du récit.

La construction narrative « en mosaïque » qui caractérise d'emblée le film ne somme pas le spectateur de reconstruire son entrelacs à partir des fragments. L'expérimentalisme de Ferreri n'est pas « d'avant-garde ». Les tesselles de la mosaïque ne sont pas le résidu de scènes qui auraient pu être plus longues, elles en sont tout au plus la synthèse, mais ce sont surtout des situations autosuffisantes. Cette construction dépasse même l'idée moderne de récit laconique pour donner au film un ton général de suspension, l'allégeant de la « pesanteur » du corps. Entre une situation et l'autre il ne se produit pas un enchaînement chronologique nécessaire, mais tout au plus virtuel, au point qu'on peut supposer des options de montage différentes de celle définitive. Par exemple, si le film ne se conclut pas sur les plans initiaux de la mer, qui au contraire reviennent, identiques, avant la fin, c'est pour éviter une structure trop symétrique (on aurait pu penser au film comme à un long flash-back) et donner plus d'ambiguïté à la disparition de Benito, qui peut ainsi s'être noyé en mer (le début), avoir fantasmé ou rêvé de le faire (le retour de la mer vers la fin, avec le chien menaçant), être mort de maladie (la respiration lourde sur son dernier très gros plan, quand il cache le journal derrière le miroir du chiffonnier), ou simplement avoir changé de pension pour la x-ième fois. Ferreri laisse quelques traces chronologiques (les dates du journal) qui devraient permettre de situer le récit dans une période couvrant une année, de l'automne à l'été ; mais de fait, il vide le regard du spectateur de toute attention conventionnelle à l'intrigue, suspendant le flux temporel et insérant de plus des flashes rapides, rêves et fantasmes au statut temporel ambigu, ainsi que les pages du journal, qui déplacent le regard de la vision à la lecture. Et il le fait avec un naturel extrême, sans produire aucune difficulté d'interprétation, sinon pour des spectateurs prévenus ou trop conditionnés par le récit à l'américaine (la majorité, devrait-on conclure étant donné l'insuccès du film).

Ce statut narratif semble refléter à un premier niveau la « platitude » du protagoniste : il ne produit pas un mouvement vers l'avant, mais une répétition du même. Il n'y a par exemple pas de différence entre les femmes que l'on voit une seule fois et celles qui reviennent – à notre grand plaisir, il faut le dire : la prostituée enceinte (Laetitia Raineri), la femme à la fleur (Anna Duska Bisconti), Angela Riccardi (Luciana De Falco), la marchande de journaux (Doriana Bianchi), la toute jeune fille à la chanson *Vorrei che fosse amore* (Filomena Lieto). L'interprétation et le dialogue, eux aussi, s'en tiennent à ce principe de constatation, de simple énonciation, comme si la confession la plus subjective se traduisait par un style objectif, quasi classique (plans généraux, plans moyens, gros plans), qui par sa simplicité fait penser à un degré zéro de l'écriture. Les acteurs ne jouent ni n'incarnent, ils offrent leur présence nue, jusqu'à la précieuse verdeur de tous ceux qui ne sont que des amateurs. Les dialogues sont explicites, comme chez qui n'a rien à cacher, sans être ni prolixement vraisemblables, ni programmatiquement laconiques, ni excessivement explicatifs, et ils atteignent un équilibre parfait entre ces trois pôles qui caractérisent d'autres films de Ferreri. Mis en position frontale et régulièrement interrompu, le spectateur n'est ni assez proche et impliqué pour s'identifier, ni assez loin et distancié pour juger. Dissuadé de s'attendre à un

Traffico non innervosito. Non
accostato nell'autobus, ma
occasione non avuta.
2° giorno TERRIBILE per le mie
privazioni. Un po' di pozza
alle 15 e la sera niente
dopo aver girato nell'incertezza
di entrare in un locale.

Fiasco col
prete (il
bisso a
denari).

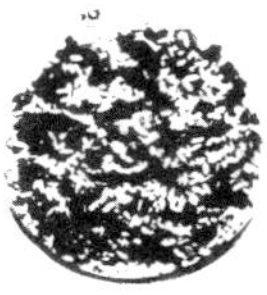

Rapporto con Elle all'Eur.
Euforia entusiastica mera-
vigliosa. Prima di toccare
erezione e venuto con lei.

PASQUA.
LA PADRONA DELLA PENSIONE
MI PERDONA - ORE 8.
LE HO PROMESSO DI DARLE
I SOLDI CHE LE DEVO....
VEDREMO...

Visita del chirurgo
che mi dice che ci
vuole uno psichiatra.
PENSIERO:
SCHIAVO DELL'AMORE
DI LUIGIA.

Mangiate troppe
zucchine.

Andato alla deriva con
più autobus. Non so
chi sono e che cosa voglio.
Acido solo al momento di
mangiare la banana.
Occhi ombrati poco malgrado
il digiuno.

Bruna squattera,
volubile troia e
letto N.N.
ANSIA SPASMODICA
PER USCITA OSPEDALE

Cuore: qualche palpito,
ansia e sudore.
Sull'autobus una
donna mi ha provocato.
Era piacente. PERDITA.

Nervi tremanti per Luigia,
che dopotutto non sarebbe
una perdita perdere.
Costretto a restituire tutti
i soldi a Luigia e a
mezzo vaglia telegrafico
pure.

Sogno che assisto allo spettacolo del mare liscio, calmo, con i bagnanti che vi ci sguazzano, e penso che finalmente potrò nuotare, o meglio imparare a farlo.

Nervi sì anche per l'ingrandire delle immagini, dei contrasti, per effetto della scarsa nutrizione.

point de chute, de spéculer sur un destin, il ne peut qu'« accompagner » le héros, participant avec empathie à son vagabondage, côte à côte, moment après moment, comme un frère.

À ce niveau, le film est déchirant et très doux, comme le solo de Gato Barbieri et le tango de Victorio Pezzolla qui en réchauffent le style énonciatif. Mais la ligne est brisée, le cercle reste fermé.

Ferreri fait un pas en avant. Dans *Diario di un vizio*, il dépasse non seulement les prises de position contre, mais aussi celles pour, qui apparaissent dans pratiquement tous ses films. Ce ne sont ni des destins narquois ni des illusions utopiques qui attendent ses personnages. Il les prend pour ce qu'ils sont, dans leur misère humaine. Mais, parce qu'ils sont ce qu'ils sont et qu'ils s'acceptent pour ce qu'ils sont, il les aime : au point de les rendre beaux et de construire autour d'eux un monde beau. Il représente la solitude de la métropole, mais avec un regard enchanté, sans que l'on puisse pourtant, comme dans d'autres cas, parler de regard de fabuliste. La beauté formelle de ce film, comme celle des paysages, des couleurs, des corps féminins, lui rend ce qu'il semble perdre avec son immersion « néoréaliste » dans le quotidien. Une fois acceptée la réalité d'ici et maintenant, celle-ci est fécondée comme par mégarde par des éléments qui en dilatent l'horizon : ainsi les présences « exotiques » qui traversent le film, de la Thaïlandaise-Italienne à l'amie noire de Luigia et au « prince » africain ; puis les figurantes de Cinecittà, les unes musulmanes, les autres russes, jusqu'à Luigia vue et rêvée en Cléopâtre ; enfin et surtout le décor et la musique, contrôlés depuis quelque temps de façon magistrale par Ferreri lui-même : ici, d'une part les murs antiques qui contrebalancent les maisons modernes et l'architecture années 1930 de Pontinia, assimilée à Rome ; de l'autre, les motifs musicaux principalement espagnols et sud-américains. Une perspective supplémentaire est apportée par les éléments religieux (la Madone vue par la fenêtre, la fête populaire avec les hommes encapuchonnés), qui projettent Benito vers un ailleurs au goût antique.

Voici donc que la profondeur de champ, niée au niveau de l'énonciation, est retrouvée à celui du sentiment global qui enveloppe le film. Et voici qu'autour du héros sans qualités se forme peu à peu une auréole, se dessine une constellation de femmes authentiques, qui sont toutes les femmes, des adolescentes aux femmes mûres, des filles aux mères, et qui le dédommagent des frustrations qu'il subit au quotidien. Voici enfin que le corps de Benito, comme celui du film, sort de la contingence et surmonte la pesanteur de ce monde, trouve un écho dans la profondeur de l'histoire, retrouve l'humanité souffrante de tous, révèle une âme.

La ligne se dédouble, le cercle s'irradie.

Traduit de l'italien par Bernard Eisenschitz.

Ce texte, ainsi que les pages du Journal de Jerry Calà sont parus dans Stefania Parigi (a cura di), *Marco Ferreri. Il cinema e i film*, Nuovocinema/Pesaro 48, Venise, Marsilio, 1995, p. 277-281. Revu par l'auteur.

Marcos Uzal | « Voglio il mare »

à propos de Marco Ferreri

Marco Ferreri a souvent dit que ses personnages masculins étaient des « hommes de transition », transition biologique autant qu'historique. Des hommes qui se considèrent comme de simples intermédiaires, entre les femmes et les enfants, entre la nature et les objets ou « entre les singes et les grands édifices » comme le prédisait Georges Bataille et comme le montre *Bye Bye Monkey* (*Ciao maschio/Rêve de singe*, 1978). Plus que leur disparition c'est la perspective de leur inutilité qui les angoisse. Ferreri a tenté de filmer le monde du point de vue de cette inquiétude, restituant les instants avec une force extraordinaire tout en les doublant d'une autre temporalité, menaçante et inhumaine, se manifestant essentiellement à travers l'omniprésence des objets et le gigantisme des villes modernes. L'émotion naît souvent dans ses films de passages d'une échelle de plan à une autre qui lui permettent justement d'effectuer de brusques allées et venues entre l'inhumanité des lieux, les pulsions des corps et l'intimité des visages. Charles Tesson remarquait que dans *Il futuro è donna* (*Le futur est femme*, 1984) les trois principales échelles de plans « recoupent trois temps : le futur pour le plan large, le présent pour le gros plan, le passé pour le plan moyen [1] ». Je dirais plutôt qu'il s'agit de trois façons d'éprouver le présent, de ressentir la présence de son corps, de constater sa solitude : entre l'éternité des murs (plan large), dans la mortalité des sens (plan moyen), dans l'immédiateté des émotions (gros plan). Un présent incertain, auquel les protagonistes des films de Ferreri, comme s'ils se sentaient happés par un futur qui n'aurait plus besoin d'eux, s'accrochent désespérément en désirant prolonger chaque instant le plus longtemps possible. Dans *Break-up*, sorte de manifeste ferrerien, un homme suspend sa vie à une seule question insoluble qui finira par le pousser au suicide : combien d'air peut contenir un ballon avant d'éclater ? Il s'acharne alors à répéter un même geste absurde, souffler dans un ballon, pour comprendre jusqu'à quel point il peut le faire durer. De même, dans *La carne* (*la Chair*, 1991) Paolo est obsédé par le moment où son bonheur s'arrêtera (« on ne voit Dieu qu'une seule fois », « ça ne peut pas durer »), manger celle qu'il aime est la seule solution qu'il trouvera pour la garder en lui indéfiniment. C'est aussi pour suspendre ou distendre le temps que la plupart des personnages de Ferreri s'isolent, s'enferment, s'excluent de l'ordre social. Ou qu'ils s'enfoncent dans une obsession pour un être ou une chose idéalisés, pour une présence qu'ils estiment plus incontestable ou invariable que la leur : une femme fantasmatique (*la Dernière Femme*, 1976, *Le futur est femme*, 1984, *la Chair*), un objet (fauteuil roulant dans *El cochecito*, 1960, ballons dans *Break-up*, porte-clefs dans *I Love You*) ou même le Pape (*l'Audience*). Avec les femmes, le désir d'arrêter le temps est essentiellement lié à la peur de débander et de connaître la tristesse du post-coïtum (c'est le sujet de plusieurs scènes de *la Grande Bouffe* et surtout de *la Dernière Femme* et *la Chair* où les hommes finissent par se soumettre à leur phallus [2]). Quant aux objets, ils sont des substituts sentimentaux ou sexuels par lesquels les hommes se détournent de leur entourage et de leur animalité pour se plonger dans des questions ou des passions abstraites. Ils ont l'avantage d'être immobiles et propices à la répétition et peuvent, à condition de ne pas trop les questionner (comme dans *Break-up*), donner l'illusion de cette perpétuité tant désirée par les personnages de Ferreri. Ainsi, dans *I Love You* le porte-clefs qui répond « I love you » quand on le siffle est une forme, pathétique et absurde, d'amour constant et éternel.

Comme les ballons de *Break-up*, les films de Ferreri s'emplissent progressivement de détails insignifiants et de ces temps que l'on dit « morts » (scènes de repas ou de danse, par exemple) jusqu'à « éclater » dans une précipitation fulgurante et inattendue, souvent un crime ou un suicide. *Dillinger est mort* est le film qui va le plus loin dans cette contraction du temps jusqu'à implosion. On y assiste à la soirée d'un homme (Glauco) se préparant un repas et se servant d'objets divers dont un pistolet qu'il prendra soin de nettoyer et de repeindre avant de l'utiliser pour tuer sa femme. Il paraît vivre dans un monde régi par les objets et son meurtre, coup de feu déchirant dans un film où il semble ne rien se passer, est comme une négation du mouvement de la vie au nom de l'immobilité des choses. Cette pétrification morbide de la fiction était déjà frappante dans *Break-up* qui débutait par une série de photographies soulignant à quel point l'obsession de son personnage était fondamentalement liée au défilement des images cinématographiques, fragile illusion de mouvement et de continuité pouvant, comme un ballon que l'on gonfle, s'interrompre à chaque instant. Arrêter le cours du film, tel est le désir de Paolo dans *la Chair* lorsque face à la mer, à genoux aux pieds de celle qu'il aime, il s'écrie : « Un instant pareil devrait durer une éternité ! », comme s'il se plaignait que ce beau plan ne dure pas indéfiniment. Par ailleurs, les films de Ferreri sont pleins de photographies, de posters, de dessins, de peintures, de sculptures, d'écrans, et le désir qu'éprouvent ses personnages de fuir hors du temps passe parfois par la volonté enfantine de se fondre dans une image : Glauco se collant à l'écran où il projette ses films de vacances (*Dillinger est mort*), Roberto tentant de s'incruster dans un dessin d'enfant (*Chiedo asilo*, *Pipicacadodo*, 1979), Michel fonçant en moto contre un mur sur lequel est peint son visage (*I Love You*), Glauco et Michel fuyant vers des paysages de carte postale saturés de rouge. Dans *l'Audience*, tous les plans du Pape semblent provenir d'un autre film, parfois abîmé, parfois flou, comme si l'impossibilité de rencontrer le Pape était aussi liée à une incompatibilité entre deux textures d'image.

Mais le temps reste sourd et inexorable. Et la mort, meurtre ou suicide, s'avère la seule façon de se projeter hors du temps. Chacune des morts de *la Grande Bouffe*, par exemple, provoque instantanément une pétrification des corps (le cadavre de Michel reste suspendu sur la rampe des escaliers comme une poupée abandonnée, Marcello meurt gelé dans le jardin, etc.). Et dans *la Chair*, Paolo finira par retenir l'objet de son désir en le mettant dans le congélateur. Si ces suicides et ces meurtres par lesquels s'achève presque chaque film de Ferreri sont les conséquences des instants qui les précèdent, ce n'est pas dans un sens psychologique ou sociologique, mais simplement parce qu'il y a toujours un moment où les hommes ferreriens désirent ardemment que quelque chose advienne enfin. Quand est-ce que ça arrive ? Quand est-ce que ça

---

| [1] In *Cahiers du cinéma*, n° 364, octobre 1984, p. 50. | [2] Dans *la Chair*, Francesca réussit par un étrange massage à doter Paolo d'une énorme érection qui lui donne l'impression d'être « l'homme le plus puissant du monde » tout en l'immobilisant dans son lit. Il découvrira vite les inconvénients de ce priapisme paralysant qui était en fait une punition de Francesca pour lui démontrer que l'on fait aussi l'amour avec « l'âme ».

Marco Ferreri, *Chiedo asilo.*

Marco Ferreri, *L'uomo dei 5 palloni.*

m'arrivera ? Quand est-ce que je pourrai enfin cesser d'attendre ? La mort n'est pas un aboutissement ni la réponse à ces questions mais au contraire la confirmation qu'aucune réponse n'est plus capable de soutenir la vie. Car comme les instants, les corps sont limités : les ventres et les sexes des hommes, comme les ballons, ne contiennent jamais assez, ils ne produisent pas la vie mais seulement des excréments, et arrive toujours le moment où la vie elle-même devient un excrément dont il faut se débarrasser. Alors on se jette par la fenêtre (*Break-up*), on se coupe les veines (*la Chair*) ou le sexe (*la Dernière Femme*), on se fait éclater par excès d'air et de nourriture (*la Grande Bouffe*), de vie non digérée (« La vie c'est une farce » dit Ugo dans *la Grande Bouffe* en parlant de la farce dont on emplit les dindes [3]).

Les personnages de Ferreri qui survivent le mieux sont ceux qui parviennent à créer à partir de leur désespoir. C'est le cas de Serking dans *Conte de la folie ordinaire* et de Benito dans *Journal d'un vice*. Le premier est poète et romancier (il s'agit d'un double de Bukowski), le second rédige un journal intime. À défaut d'enfanter, ces hommes écrivent et se créent des images à eux. Même si l'écriture ne donne pas un sens à leur vie (pour Ferreri ni la vie ni l'art n'ont vraiment de sens), même si elle reste impuissante face à la violence du monde (Serking ne sauvera pas Cass), elle leur permet d'affronter le réel, de sentir passer les minutes et les journées ou tout simplement de patienter (dans *Conte de la folie ordinaire* c'est d'ailleurs la femme, et non plus l'homme qui se mutile et se suicide). La forme de *Journal d'un vice* est accordée à celle du journal intime de Benito, constitué de notes et de collages, la brièveté des scènes et la rapidité du montage (plutôt inhabituelle chez Ferreri) nous permettant d'éprouver le caractère décousu, fragmentaire de sa vie obsessionnelle. Contrairement à la plupart des hommes ferreriens, Benito admet la discontinuité du temps et les déceptions qu'elle engendre. Il y résiste par la lucidité et par la création qui lui permet lorsqu'il regarde par la fenêtre d'imaginer Rome comme une photo figée où seuls bougent des flocons de neige ou baignée par une « lumière africaine ». Il ne cherche cependant pas à maîtriser le temps mais à en collecter les débris dans une œuvre qui lui ressemble et qui restera après sa mort.

***

Alors qu'il a parfois été perçu comme un artiste prophétique, Marco Ferreri est avant tout un cinéaste du présent et de l'instant : instant vertigineux (*Dillinger est mort*), instant insaisissable (*Break-up*), instant du jeu (*Touche pas à la femme blanche*, 1974), instant du désir (*la Chair*), instant de l'ivresse (*Conte de la folie ordinaire*), instant de l'enfance (*Pipicacadodo*), instant étouffé entre le poids des origines et l'angoisse du futur (*Rêve de singe*), impossible répétition de l'instant (*I Love You*), instant de la mort (*la Grande Bouffe*), etc. Instants douloureux, fuyants, menacés mais que le cinéaste tente de saisir dans le silence d'un visage ou la tristesse d'un regard. « Je recherche toutes les choses que je n'ai pas prévues ou que je ne peux pas dominer » a-t-il dit un jour [4]. Il s'intéresse avant tout à la façon dont les idées se diluent dans les instants, se fracassent contre les pulsions. C'est ce que raconte *la Grande Bouffe* : la mastication, la digestion puis l'excrétion de tout projet, de toute pensée dans la jouissance excessive de chaque instant, jusqu'à ce que mort s'ensuive. On ne dit donc pas grand-chose d'un film comme *la Dernière Femme* si l'on ne tient compte que de son scénario sursignifiant et non de l'extraordinaire présence physique des acteurs, pas seulement de Gérard Depardieu et Ornella Muti (qui y sont magnifiques) mais aussi du bébé dont l'insouciance et la joie s'imposent comme l'évidence de la vie face aux généralités abstraites qui préoccupent les adultes. Ferreri disait de cet enfant qu'il est « un casseur [...] qui empêche d'arriver à une conclusion psychologique de la scène [5] ». C'est à cette perception enfantine, ouverte à l'imprévu, pas encore limitée par des certitudes ou paralysée par l'angoisse, que le cinéaste a peu à peu tenté d'accorder sa mise en scène, en particulier dans les films se situant au-delà (avant ou après) du désespoir de l'homme trentenaire ou quarantenaire, comme *Pipicacadodo* et *La casa del sorriso* (*la Maison du sourire*, 1991), films de « renaissance » où le souffle saccadé et angoissé de *Break-up* se transforme en une belle respiration. Les vieillards de *la Maison du sourire* apparaissent ainsi comme des survivants du désespoir qui considèrent leur vieillesse comme une reconquête du présent et dont la sexualité n'est plus inhibée par l'enfantement et la « guerre des sexes ». Ici, et bien sûr plus

| [3] Dans *la Maison du sourire*, une vieille femme décrit ainsi le suicide de son fils : « Mort-aux-rats. Son ventre a enflé comme un melon. Il a éclaté comme un ballon ! Pauvre garçon ». | [4] Jacques Frenais et Dominique Rabourdin, « Entretien avec Marco Ferreri », *Cinéma 80*, n° 256, avril 1980, p. 61. | [5] « Marco Ferreri : propos » in *Cahiers du cinéma*, n° 268-69, juillet-août 1976, p. 70.

encore dans *Pipicacadodo*, on assiste à une forme de retour en enfance (qui chez les vieillards se manifeste physiquement par la perte des dents) que l'on pourrait opposer aux régressions morbides de *Break-up* ou *la Grande Bouffe*.

Dans *Pipicacadodo*, dont le protagoniste est un instituteur et le décor principal une école maternelle, les enfants ne sont plus seulement liés au couple, ils ont une vie indépendante de leurs parents, une vie singulière qui dépasse les problèmes adultes ou qui en tout cas y répond autrement. Les enfants de *Pipicacadodo* traversent les plans comme ils l'entendent, ne semblant pas être plus bouleversés par le tournage du film que le soleil ou la mer. Ferreri ne les « dirige » pas, il est au contraire touché par la façon dont ils résistent au dispositif cinématographique et au pouvoir intimidant de la caméra. De même, Roberto, l'instituteur interprété par Roberto Benigni, ne va pas vraiment chercher à les éduquer mais plutôt les encourager à « conquérir le monde » par une série de petites expériences : leur amener un ami, une télévision, un âne, les lâcher dans une usine, transformer temporairement l'école en un lieu de rencontre entre enfants et adultes, parents et grands-parents, etc. Aucune de ces expériences ne réussit totalement, mais là n'est pas l'important. L'instituteur et le cinéaste savent très bien que ces expériences n'auront aucun résultat durable, que les enfants se méfieront toujours de l'âne et que les patrons de l'usine auront vite fait de les ramener à leurs parents, ce qui compte pour eux c'est que quelque chose de beau en surgisse dans l'instant, une rencontre, un plan qui valent bien plus qu'une application forcée du scénario. Politiquement, il ne s'agit plus de faire la révolution (Roberto a été un activiste d'extrême gauche ayant notamment écrit des textes violents contre la famille) mais de mettre un peu de désordre, pour voir, par exemple, comment réagissent les « représentants de l'ordre ». Car Ferreri faisait des films « pour arriver à chercher à voir ce que c'est qu'un homme [6] », *ce que c'est* et non ce que ça pourrait ou devrait être, et il s'est toujours opposé à l'idée que le cinéma doit chercher à faire progresser le monde, idée qui selon lui s'accompagne forcément d'une forme de révisionnisme c'est-à-dire du souci de revoir plutôt que de voir. Jean Narboni l'écrivait à propos de *la Dernière Femme* : « Rien dans ce cinéma qui soit de l'ordre de l'euphorisation, du comblement, de la réplétion, mais une économie obstinément déceptive. [...] Refus de la consistance. Capacité rapide à tourner court. Furtivité [7]. » C'est dans ces derniers termes que le cinéma de Ferreri rejoint clairement l'enfance, elle-même furtive, souple et insaisissable. Pour Roberto comme pour le cinéaste, aller vers les enfants permet de revenir aux premiers regards (*Pipicacadodo* est le film le plus lumineux, le plus solaire de son auteur), aux premières questions (parler ou se taire, être un garçon ou une fille...), sans se plier à un programme, sans se soumettre à un but, sans chercher de réponses. Ce qui compte c'est la fuite, la désobéissance, le désordre mais discrètement, avec joie et sans violence. Loin d'un retour nostalgique ou pathologique sur sa propre enfance (comme chez la plupart des autres personnages ferreriens), le parti pris des enfants qu'adopte Roberto est donc un véritable choix politique [8] : l'enfance contre l'infantilisme imposé par l'ordre adulte et ses interrogatoires humiliants (dans ce film on assiste à quatre interrogatoires de police, plus ou moins drôles ou violents), l'enfance insoumise à la froide rigidité des idéologies, des lois et des caméras.

Ce ne sont donc pas les enfants qui suivent Roberto et son accordéon, comme s'il était le joueur de flûte de Hamelin, mais lui qui les accompagne jusqu'à la mer où il se noiera. Il en accompagne un en particulier, Gianluigi, celui qui a choisi la forme d'insoumission la plus radicale : refus de manger, refus de parler, refus des concessions qu'exige la vie organique et sociale. Avec son grand regard bleu qui n'exprime ni joie ni tristesse, il s'est muré dans son enfance comme si elle était assiégée. Son aphasie n'est pas une capitulation mais plutôt une façon de résister à toute récupération sociale ou culturelle, car comme disait Ferreri, qui s'est toujours méfié du langage, l'enfant lorsqu'il se met à parler « commence à être l'esclave des mots qui sont soufflés par la mère, par le père [9] ». On ne peut pas comparer son autisme à l'angoisse obsessionnelle des adultes ferreriens puisqu'il se détourne justement de ce par quoi ils se font mal et se tuent (fonctions vitales, parole). Lorsque, face à l'océan, il se met finalement à parler c'est pour exprimer un désir, un désir d'infini : « Je veux la mer [10]. » Alors, lui et Roberto entrent progressivement dans l'eau jusqu'à y disparaître. « L'homme de transition, dit Ferreri, *c'est celui* qui doit laisser la place vide à celui qui vient après [11]. » Cette idée est prise au pied de la lettre et sereinement acceptée par Roberto qui part au moment où son enfant pousse ses premiers cris. Et ces cris de nouveau-né, de même que la beauté apaisante du coucher de soleil, nous font sentir que ce n'est pas vraiment pour mourir que Gianluigi et Roberto vont si tranquillement se noyer mais pour se dissoudre dans le monde et ne plus en être séparé par ce corps que Gianluigi a toujours refusé, pour retourner dans la matrice de l'humanité, la mère de toutes les mères, sous l'œil d'une grenouille, animal dont certains scientifiques affirment que nous pourrions être les descendants. Gianluigi, l'enfant, l'enfance, en réponse à toutes les angoisses des « hommes de transition » a remplacé le nihilisme par le retrait, et l'angoisse d'avoir un corps limité par le désir de faire corps avec le monde.

| [6] in *Cinéma 80*, n° 256, *op. cit.*, p. 62. | [7] Jean Narboni, *Cahiers du cinéma*, n° 268-69, juillet-août 1976, p. 55. | [8] Le titre original est d'ailleurs *Chiedo asilo*, c'est-à-dire « je demande asile » (*asilo* signifiant également école maternelle). | [9] in *Cahiers du cinéma*, n° 268-69, *op. cit.*, p. 69. | [10] C'est au bord de la mer que se déroulent ou se terminent beaucoup de films de Ferreri : *le Harem*, *Dillinger est mort*, *la Semence de l'homme*, *Liza*, *Rêve de singe*, *Pipicacadodo*, *Conte de la folie ordinaire*, *l'Histoire de Piera*, *Le futur est femme*, *I Love You*, *la Chair*, *Journal d'un vice*. | [11] In *Cinéma 80*, n° 256, *op. cit.*, p. 62.

Rochelle Fack | **Les yeux ne suffisent pas**

Ici : la cité Ferreri

Tendu entre mon œil et les zones éclectiques où les films se repèrent, un fil d'Ariane me guide dans l'univers de Ferreri et abolit l'étanche pellicule qui me préserve du cinéma. Tentante osmose ! Je crains d'abord de disparaître, puis me prends à poser des limites capables de déterminer où je finis et où la cité-Ferreri débute. *Ici :* cité-arête surgie d'une genèse impure, gouffre où la réalité se résorbe, mouvement aspirant le dedans au-dedans.

Parce qu'ils ne me ressemblent pas dans leurs comportements, les personnages me permettent d'établir la distance, friable et rétractile, entre *Ici* et ma plage de vision. L'homme obsédé par la quantité d'air qu'un ballon de baudruche peut contenir juste avant d'éclater ; celui qui s'enferre dans l'histoire en habitant son musée de cire ; cet autre qui sculpte la maquette de « l'église détruite par la foi » ; celui épris d'un porte-clés... En soulignant la bizarrerie du « monde ferrerien », les personnages me permettent de rester hors des films – maîtresse de ma réalité.

Sauf qu'au détour d'une scène, ces mêmes personnages se découvrent, livrant leurs doutes en des épines qui contredisent ce que j'ai pris pour du bizarre, me retirant ma distance, ils me ressemblent et même, agissent comme moi. Le drame les interloque, l'amour les empêche de mentir, l'enfantement isole leur sexe, le suicide ne les tue plus par le passage à l'acte qu'il entraîne mais parce qu'il fait d'eux des êtres évidents. D'*Ici* surgissent les pleurs face à la mer et dans leurs flots, l'idéologie rampante, cognée, d'un monde parjure de sa décence. L'homme dont on enterre la mère quitte le cimetière pour s'effondrer dans une rue plombée de soleil ; la tête de l'instituteur surgit du hublot d'une armoire, accouchant de son premier jour de classe devant ses élèves ébahis ; un célibataire fait une déclaration d'idéal au poster de Marylin accroché à l'entrée d'une discothèque... *Ici* se jouent le refus du rêve endormi, la réversibilité fantasque de la langue, l'insoutenable importance des mots, son ironique précellence sur les actes, *Ici* n'est plus seulement le lieu des films, il devient le théâtre d'une fascinante anthropologie. Cité que les passions de ses habitants dynamisent, cité en mutations dont les chantiers, usines, lotissements s'érigent tels les emblèmes d'un confort utopique, cité animée par une poésie si déroutante que je m'invite dans ses rues et assiste, effrayée, au scandaleux miracle de ma transparence.

Afrique, Amérique, Europe... du désert à la jungle, de la banlieue aux capitales, *Ici* est vaste, ses clôtures elles-mêmes encerclées par le tourment des hommes, ses lieux de plaisirs orgueilleux. *Ici* n'a aucune référence, *Ici* s'étend, s'adapte et se prolonge de film en film, me domptant à la compréhension d'un mouvement transitoire par lequel je m'*installe le bonhomme* [1] tandis que les personnages de Ferreri déroulent le leur sous mes yeux, mus par une quête agitée qui paradoxalement les rend à un certain immobilisme.

Insolites inspecteurs du cadastre

Parmi les « arpenteurs d'*Ici* », deux funambules excellents. Plus rapides peut-être que les autres, plus seuls aussi, Amedeo (*l'Audience*, 1972) et Serking (*Conte de la folie ordinaire*, 1981) poussent si loin l'exercice de leur ville qu'il finissent par en intégrer les fondations.

La course giratoire d'Amedeo au Vatican, chauffée par le désir d'obtenir une audience avec le Pape, excitée et frustrée qu'on l'en empêche, déteint sur la cité qui prend lentement l'allure d'une zone occupée en temps de guerre. Le soleil s'affadit, la pluie se met à tomber, c'est l'arrivée des flammes, des chars dans les jardins publics, des chiens dressés pour une probable guerre. Rome, ville close où la religion se coopte en vue d'un débat sans objet, transformant son aura en une folie plate, la figure d'un saint-père destitué de sa *bête lumineuse* pour n'être plus que le garant de l'hystérie d'un fils.

Vagabond et cynique défenseur de sa misère, Charles Serking traîne dans un Los Angeles hostile, envers du clinquant Hollywood où les bas-fonds ne semblent plus avoir de chance d'être soutenus. Sa ballade explore débris humains pavoisant et mutiques, indifférence spontanée des élus, réclusion des bannis ; et son tracé, couvert par l'ivresse alcoolique, révèle une boue intime qu'il lui faut partager. Épaves, délinquance, ennui profond, conversations livrées dans de pestilentiels hoquets, les boulevards de L.A. deviennent élastiques et appellent le déluge, seul antidote capable de laver les trottoirs par la voix du poète assoiffé. La marche de Serking prend la mesure de toute chose observée, que ce soit l'obscène gémissement d'une femme ou l'éloquence d'un tunnel au sortir de la ville, elle semble être un cristal saturé de lumière au point de ne plus pouvoir la renvoyer. Et comme l'étourdissante escalade d'Amedeo au Vatican, la traversée de Serking dans Los Angeles cadenasse ma stupeur, l'excitant à la pratique de ses démons, rumeurs, secrets – obstacles faits joyaux qui font que je m'installe *Ici*.

Intuition du guetteur

L'Audience et *Conte de la folie ordinaire* – renvoi d'errance à dix ans d'écart – se rattachent à la cité Ferreri comme deux arrondissements à part. En leur sein se révèle la précieuse et trop rare carapace que se sculpte le marcheur guidé par l'absolu. Sa quête l'oriente vers une représentation de lui-même aléatoire et modulable à souhait. La richesse d'une telle expérience – perte de lui-même, dilatation de son mouvement – requiert paradoxale-

| [1] Antonin Artaud, « Installer le bonhomme », *Œuvres complètes*, tome XXII, 1986, Gallimard, p. 432. Ce texte s'emploie à discerner ce qui serait un « lieu idéal » d'écriture pour le poète. L'approchant par circonférences successives, il en fixe les anatomies (temporelles, corporelles ; cartographie des sens et réflexes de la fatigue), après avoir éliminé ce qui le parasite (mythes, besoins, idées, pensée *bien entendue*, passé et culture vampiriques, présent où zonent ces vampires réincarnés en « cons » qu'Artaud démasque « place d'Alésia »). Il débarrasse, purifie cet *endroit* – celui d'où il se sait pouvoir écrire – afin d'atteindre à une poésie souveraine.

ment, pour être perpétuée, un contrôle qui passe par un retour sur son image quand il traverse « sa » ville.

Dans *l'Audience*, Amedeo n'obtiendra ce retour qu'en réussissant à voir le Pape. Que celui-ci accepte de le recevoir, reconnaisse sa demande, reviendra à ce que lui se *voie*. Dans *Conte de la folie ordinaire*, Serking lance sa poésie à la face d'êtres croisés pour en retour obtenir la marque de ce qu'il est. Mais les obstacles se posent pour Amedeo comme pour Serking à chaque étape. Obstacles annoncés dès l'ouverture de *Conte de la folie ordinaire*, qui fait chanter le poète devant un auditoire des plus énigmatiques. En gros plan, le visage de Ben Gazzara (qui incarne Serking, le narrateur du recueil de nouvelles de Charles Bukowski *Erections, Ejaculations, Exhibitions and General Tales of Ordinary Madness* dont est tiré le film) entre dans le cadre et restera frontal pendant presque toute sa lecture :

> « Le style. Le style est la réponse à tout. L'approche neuve d'une chose terne et dangereuse. Mieux vaut faire une chose terne avec du style qu'une chose dangereuse sans style. Faire une chose dangereuse avec style, c'est ça, l'art. La tauromachie peut être un art. La boxe peut être un art. Faire l'amour peut être un art. Ouvrir une boîte de sardines peut être un art.
> Rares sont ceux qui ont du style. Rares sont ceux qui peuvent le garder. J'ai vu des chiens avoir plus de style que les hommes. Bien que peu de chiens aient du style. Les chats en ont à profusion.
> Hemingway se faisant gicler la cervelle sur les murs au calibre 12, c'est du style. Quelquefois, les gens vous donnent du style. Jeanne d'Arc avait du style. Jean-Baptiste, Jésus, Socrate, César, Garcia Lorca...
> J'ai connu des gens en prison qui avaient du style. J'en ai connu plus en prison qu'hors de prison. Le style est une différence. Une façon de faire. Une façon d'être.
> Six hérons juchés sur leurs pattes dans un étang...
> Ou vous, qui sortez nus des chiottes,
> Sans me voir [2]. »

Les gros plans sont récurrents dans le cinéma de Ferreri, et souvent plus émouvants sur les hommes que sur les femmes (qui portent en elles un mystère semblant les protéger de la mort). Ceux de Ben Gazzara dans *Conte de la folie ordinaire* font impact, contact glacial entre le poète et ce qui lui fait face. Loin d'indiquer ce que ses yeux regardent, ils révèlent leur conscience hébétée de n'être pas perçus et semblent lui rappeler qu'il est, pour ne pas se dissoudre, condamné à se guetter. Son visage dans cette première scène fait l'effet aspirant d'une figure peinte par Modigliani, ses lunettes noires semblant lui « trouer » les yeux. Il porte plusieurs fois à sa bouche une bouteille dissimulée dans un sac d'épicerie – l'objet surgit du cadre et s'en retourne hors champ. Ce qui est dans ce plan caché est pourtant ce

[2] Dans la série d'entretiens filmés de Barbet Schroeder *Charles Bukowski* (1982-1984), on peut voir l'écrivain américain lisant ce même poème. Le film de Ferreri est antérieur au documentaire.

Marco Ferreri, *L'Udienza.*

qui fournit au poète le pétrole nécessaire au maintien de sa condition. Public, regard et vice sont couverts, « rayés » de la séquence, sauf pour deux « contrechamps » déroutants à la fois dans l'espace de la scène qu'ils « évasent », et dans ce qu'ils racontent de la perception du poète sur ceux qui l'écoutent. Le premier est un plan subjectif de Serking sur le public. Je m'attends après un visage en si gros plan, et d'après les interpellations qui émanent de la salle, à me retourner sur l'auditoire confidentiel d'un bar. Or c'est sur d'innombrables rangées de sièges vides que je tombe, espace improbable d'un amphithéâtre. Au centre de l'immensité, un groupe de spectateurs minuscules. Sont-ils venus pour entendre un poème ou pour railler celui qui l'a écrit ? Pendant le générique de début, une musique *country* suivie d'applaudissements indique qu'avant l'apparition de Serking un chanteur s'est produit, et une fois la lecture du poète terminée, une chanteuse « baba » lui succède, comme si tout ce cirque n'était qu'un casting de numéros bon marché, et l'auditoire un jury de producteurs en quête de premières parties de spectacle. L'autre plan, tout aussi déroutant dans sa spatialité, est une vue très lointaine de Serking sur la scène. La caméra n'est pas placée dans l'axe du groupe de spectateurs précédemment aperçus, mais sur l'aile droite de l'amphithéâtre où il n'y a personne. Dans ces cinq premières minutes de film, une sorte de théorème visuel est posé. Pas de contrechamps « logiques » en terme de rapport de cadres, uniquement des contrechamps dissonants, inadéquats, qui exploitent la dernière phrase du poème « vous [...] qui ne me voyez pas ».

Que devient le marcheur, sinon l'obsessionnel guetteur de lui-même, quand il n'obtient pas de retour sur son mouvement ? « Il ne trouve que lui-même, son unique preuve est lui-même, tous les adversaires le vainquent aussitôt mais ce n'est pas qu'ils le réfutent (il est irréfutable), c'est qu'ils se prouvent eux [3]. »

Amedeo est venu jusqu'à Rome non pour apercevoir le Pape, mais pour l'*atteindre*. Contrairement aux groupes qui ont fait le voyage, le jeune « officier en congés d'activités » ne se contentera pas d'entendre le discours du Saint-Père ou de voir ce dernier de loin. Ce qu'il veut, c'est une entrevue privée. Il n'avouera les raisons de sa démarche qu'au souverain, aux autres il répétera qu'elles sont secrètes. *L'Audience* commence dans une salle du Vatican, où Amedeo attend parmi une vingtaine de personnes la venue du pape Jean. À ses côtés, un couple dont la femme relit quelques pages d'une bible, des bonnes sœurs, une fillette coiffée d'un voile blanc. Un prêtre vient prévenir les spectateurs de la conduite à tenir : « Si le Saint-Père vous pose une question, ne pêchez pas d'orgueil, répondez exclusivement : Oui, Saint-Père, non, Saint-Père. » Comme dans l'ouverture de *Conte de la folie ordinaire*, *l'Audience* pose un dysfonctionnement entre un individu célèbre et le public qui est venu l'entendre, dysfonctionnement fait de la même interdiction *d'atteindre*. Mais dans *l'Audience*, ce n'est pas le protagoniste (Amedeo) qui est l'être inatteignable – contrairement à Serking – c'est l'objet de sa cristallisation, le Pape. « Est-il vraiment interdit de parler au Pape ? » : dès qu'Amedeo pose la question, le religieux fait prévenir ses supérieurs qu'une présence risque de perturber le bon déroulement de la séance. Deux prêtres arrivent immédiatement et prient « l'élément dérangeant » de bien vouloir les suivre dans le bureau d'un commissaire chargé de la sécurité au Vatican, Aureliano Diaz (Ugo Tognazzi). L'interrogatoire ne trouve pas de réponses aux motivations du jeune homme, quant à la fouille à laquelle ce dernier est soumis, elle fait apparaître qu'il est en possession d'un magazine « léger » et d'un film montrant le Pape lors d'une cérémonie devant Saint-Pierre de Rome. Suspect aux yeux du commissaire, Amedeo est relâché avec pour consigne de *retourner d'où il vient*. Il arpente quelques ruelles avant de se re-présenter devant l'entrée de la basilique, où deux gardes lui barrent encore le passage. Amedeo est une nouvelle fois prié de venir s'expliquer sur son obstination à vouloir voir le Pape, ce à quoi il s'exclame « C'est kafkaïen [4] ! » Après le commissaire Diaz, il a affaire à un évêque réformateur, Monseigneur Amerin (Michel Piccoli), puis au prince portugais Donati (Vittorio Gassman). Les deux font mine de plaider sa cause pour mieux faire barrage à l'audience qu'il requiert. Énigmatiques espaces propices à d'étranges rites, les bureaux censés protéger le Saint-Père semblent crouler sous une étanche bureaucratie… mais se révèlent aussi poreux que ceux d'une maison close puisque c'est aux soins de la douce Aïche (Claudia Cardinale) qu'Amedeo est confié, prostituée que Diaz lui indique par le 45.50.33, numéro de téléphone connu de tous les membres du clergé (du moine retiré dans son couvent au plus influent des évêques). Un seul coup de fil suffit pour animer la dévouée jeune femme dont l'érotique escorte se transforme en attache fervente, avouée à Amedeo sous forme de comptine alors qu'ils sont sur le point de s'étreindre pour la première fois : « Si j'étais avec le Pape en haut d'une tour et que tu doives exiger que l'un de nous saute, qui ferais-tu tomber ? ». Aïche énonce ainsi ce qui sera le mode de fonctionnement du film, à savoir qu'on ne peut soutenir deux idéaux à la fois – le Pape (que tu guettes comme toi-même) et l'amour (que je suis prête à t'offrir).

Malentendus

La coexistence de deux idéaux est également impossible dans *Conte de la folie ordinaire*. Serking ne peut soutenir à la fois son extase poétique et la matérialité de ce(ux) qui la génère(nt). Les impressions que la ville lui provoquent ne le délestent pas, faute de pouvoir être reçues et comprises par autrui. Non seulement les personnes qu'il croise ne perçoivent pas les choses comme lui mais en plus, ils ne le perçoivent pas lui *tel qu'il se sent*. Serking donne lieu à des méprises (sexuelles, professionnelles, amoureuses), et à la suite de chaque méprise, il est sommé par ceux qui l'entourent et à qui il s'est « frotté », de rendre des comptes en vue de s'amender de n'avoir pas correspondu à ce qu'ils attendaient de lui. Que ce soit avec Vera (Susan Tyrrell), nymphomane rencontrée sur une balançoire et basculée frénétiquement, Cass (Ornella Muti), Marie-Madeleine que ses péchés ne rachèteront pas, ou une mère célibataire qui vend ses charmes pour éviter d'être expulsée de son appartement, les rencontres de Serking n'amènent qu'à des malentendus qui retranchent peu à peu le poète dans sa solitude, et l'inclinent à une onirique démence, refuge qui rappelle la phrase du sculpteur

| [3] Franz Kafka, *Réflexion sur le péché, la souffrance, l'espérance et le vrai chemin*, trad. Bernard Paudrat, Rivages poche/Petite Bibliothèque, p. 88. | [4] Avant *l'Audience* Ferreri avait écrit une adaptation du *Château* de Kafka (en collaboration avec Sergio Amidei, également co-scénariste de *l'Audience*). Le film ne fut pas tourné.

Marco Ferreri, *Tales of Ordinary Madness.*

Absalon : « Si une idée est valable pour deux personnes, c'est qu'il y a un malentendu [5]. » Pour unique tanière, Serking n'a qu'une chambre crasseuse qui ne nourrit aucune contrainte et ne fournit pas d'apaisement. Alors « redéfinir son rapport au social », à la ville et à la sensibilité d'autrui devient sortir, provoquer ces rencontres aléatoires qui sont pour le poète les seules occurrences de cette définition de lui-même. Le film de Ferreri les montre (tout comme l'œuvre de Bukowski) comme d'inévitables échecs. Après une séance de « baise animale », Vera propose à Serking d'aller prendre un bain avant de poursuivre. Pendant qu'il se délasse dans l'eau en fumant un cigare, elle appelle la police et porte plainte pour viol… La célibataire s'allonge au sol, jambes écartées, pour mimer un accouchement « à l'envers », Serking lui ayant avoué qu'enfant, il rêvait de retourner dans le ventre de sa mère. Échec encore. Les encouragements de la femme cessent quand Serking, se redressant de l'entrecuisse, conclut : « C'est faux, je t'ai menti, j'ai tout inventé... » Avec Cass, l'impossibilité de partage culmine. La prostituée entend que le poète est amoureux d'elle et, sans doute, partage en retour cet amour. Mais elle est aux prises avec des forces autodestructrices que rien ne peut déjouer. Elle le suit au bord de la mer, et après qu'ils se sont étreints sur la plage, le laisse à son abandon pour retourner en ville. Il la retrouve quelques jours plus tard et lui propose de le rejoindre à New York où un travail (nouveau malentendu) l'attend. Elle ne répond pas, le laissant s'apercevoir qu'elle s'est encore une fois blessée en refermant son sexe avec l'épingle de nourrice dont elle se sert comme d'un scabreux fétiche.

L'appel de la prison

Quand le marcheur n'imprime en rien le monde auquel il se livre, c'est le désir de réclusion qu'il éprouve. Alors prisonnier consentant, soulagé de n'avoir plus à se guetter, il se rabat sur les geôliers de sa piteuse cage en les suppliant de prendre sa déposition. « Il se serait contenté d'une prison. Finir prisonnier – voilà ce qui serait un but dans la vie. Indifférent, souverain, le tumulte du monde affluait dans la cage et en refluait comme chez lui, le prisonnier à vrai dire était libre, il pouvait prendre part à tout, rien du dehors ne lui échappait, il aurait même pu quitter la cage, il y avait un mètre entre les barreaux, il n'était même pas prisonnier [6]. » Et ceux qui toisent la marche des deux hommes d'actionner le plus pervers des leviers. Après avoir enfermé l'intrus comme on enferme un fou, ils lui font comprendre qu'il a tout loisir de sortir de sa cage, insinuant qu'elle est le seul fruit de son imagination. Amedeo est « mis au vert » par le Vatican qui lui offre d'être logé quelques nuits dans ce qui ressemble au départ à un hôtel, puis fait plutôt mine d'hôpital psychiatrique. C'est, en fait de « cage dorée », un couvent au cœur duquel les moines s'étripent en vue de réformer ce qui ressemble plus à la foi qu'aux dogmes et règles de conduite qui la régissent. Serking est quant à lui employé par un journal new-yorkais qui espère augmenter ses ventes en publiant de sulfureuses chroniques. De New York, Ferreri ne filme presque que le bureau qu'on lui attribuera, minuscule box dont les murets le séparent superficiellement de ses voisins (des « spécialistes » de l'écriture préoccupés par la santé de leurs plantes vertes). Mais là où l'on croit que le mouvement des deux hommes est cerné, la porte de la prison se rouvre

– plutôt exprime-t-elle avec une humiliante moquerie qu'elle ne s'est jamais close – faisant échouer la tentative de récupération et laissant s'échapper ces prisonniers qui n'en sont pas vraiment. Ce ne sont pas eux qui s'enfuient, mais ce qu'ils tenaient pour les gages d'une oppression qui leur glisse des mains. La réaction des deux « prisonniers » est immédiate. Jetant ses canettes de bières par-dessus les murets de son box, Serking vise ses « collègues », affirmant en une posture à hurler de rire que lui non plus ne se préoccupe pas de leur présence. Alors que les moines quittent la cantine du couvent, Amedeo finit les assiettes de ses voisins, commentant : « Puisque je paye, je mange. » Le jeune officier paye ce « traitement de faveur » qui lui murmure qu'il est un homme libre mais n'en reste pas moins un homme *qu'on ne peut retenir* – qu'on peut donc oublier.

Aires de repos

« 14 janvier 1920. Lui, il se connaît, les autres, il les croit, cette contradiction lui scie tout [7]. » Amedeo va par deux fois écouter dans une boutique de souvenirs du Vatican la voix du Saint-Père disant une messe enregistrée sur disque. Dégagée par l'entremise du saphir, la stance indispensable aux fanatiques affirme son utilité fétiche en même temps qu'elle bâillonne celui qui voudrait lui répondre. *Le style est la réponse à tout* aurait pu rétorquer Serking. Et de style, il n'y en a pas dans l'enregistrement du Pape qui dit sa messe. Combien y en a-t-il pourtant dans le profil ravagé du jeune homme qui boit non pas les paroles du souverain mais le son de cette scène dont il est le héros ! Et dans l'attention de la bonne sœur qui lui passe le disque en le dévisageant comme s'il était un saint… Il y a dans cette courte scène un passage entre un avant et un après, après l'échec, après la sortie de prison, avant la reprise d'inertie, une forme de réunion que l'on trouve aussi dans *Conte de la folie ordinaire* lorsque Serking, dépassé par son amour pour Cass, décide qu'il a besoin d'un *« break »*. Il va dormir dans un grand hall rempli de lits superposés, sous Armée du Salut pour vagabonds, minables, estropiés, seul endroit où son *« break »* est possible – *to break* signifie aussi « casser »… Combien humaine est l'horreur du repli ! Où le poète trouve son repos, la gloire et l'orgueil se déchaussent un peu plus… car dans sa folle persévérance à révéler sans les résoudre les malentendus, la cité Ferreri s'aménage des aires de repos, maisons, motels, dortoirs, cellules faites pour se ressourcer le bonhomme avant de l'envoyer une nouvelle fois se mesurer à qui l'épuisera. Dans ces refuges qui affûtent le désir mutilateur du non-être et l'amour invétéré pour la vie se précipite une contradictoire substance. Elle doit s'appeler bonheur, un bonheur à l'implacable mode d'action, qui parce qu'il nourrit défonce.

| [5] Le dernier projet de l'artiste, resté inachevé lorsqu'il mourut en 1993, était la construction de six « cellules habitables » mesurant quatre à neuf mètres carrés au sol, qu'il aurait implantées dans six villes du monde (New York, Zurich, Tel Aviv, Francfort, Paris, Tokyo), et dans lesquelles il aurait vécu afin de redéfinir ce qu'il appelait « son rapport au social ». | [6] Franz Kafka, *Réflexion sur le péché, la souffrance, l'espérance et le vrai chemin*, *op.cit.*, p. 82. | [7] Ibid, p. 102.

Secrète démence

Face à l'impossibilité d'obtenir un saisissement de lui-même (tant l'impact de ses mots est nul sur ceux pour qui le marcheur les prononce), le recours au fantasme devient l'unique issue. Serking et Amedeo vont jusqu'au bout, c'est-à-dire jusqu'à ce point de non-retour qui ne les rend paradoxalement à leur être que par l'enfouissement de celui-ci dans l'au-delà – n'y pas entendre de paradis, c'est *Ici* qu'ils intègrent. Le deuxième chapitre de *Roman avec cocaïne* [8] met en image ce recours au fantasme qui, faute d'être une solution, reste l'aveu d'un synchrone abandon. Vadim Maslennikov, le narrateur, est atteint d'un mal étrange qui l'oblige à quotidiennement visiter un médecin. En sortant d'une consultation, il croise Zinotchka, une fille désargentée à qui il paie un tour en calèche avant de l'amener dans un hôtel de passe. « Ce serait parfaitement faux d'imaginer que, durant les quelques minutes nécessaires pour arriver à la maison de rendez-vous, je n'étais nullement inquiet du fait d'être malade et de m'apprêter à contaminer Zinotchka [9]. » Durant l'étreinte, les répétitifs « mon petit amour, mon petit lapineau » de la fille font monter la frustration de Vadim, conscient qu'il contamine sans, en retour de ce qu'il « donne », trouver de satisfaction. Une fois ressortis de l'hôtel, ils se séparent avec la certitude de ne pas se revoir. Vadim reste sous la neige à observer la fille meurtrie (et inconsciente de l'être) qui disparaît au coin de la rue. Alors il s'en rappelle l'image, la fait revenir, reculer jusqu'à la remettre devant lui, au départ de sa fuite, pour la faire s'éloigner encore une fois. Encore plusieurs fois. Fasciné, heureux de pouvoir faire bouger cette innocente silhouette à qui il a fait avaler la mort, il s'excite : « Quelle chose étonnante, un dos qui s'éloigne, le dos d'un être injustement blessé qui s'en va pour toujours ! Il y a en lui une espèce d'impuissance, une faiblesse qui réclame la pitié, qui vous appelle, qui vous oblige à le suivre. Il y a dans le dos d'un être qui s'éloigne quelque chose qui évoque les injustices et les offenses qu'on sentira encore le besoin de raconter, et qui répète qu'il faut dire adieu encore une fois, qu'il faut le faire vite, immédiatement, parce que cet être s'en va à jamais et laissera derrière lui beaucoup de souffrance qui va tourmenter longtemps encore et, peut-être, dans la vieillesse, empêchera de dormir la nuit [10]. » Les gros plans du visage de Gazzara dans *Conte de la folie ordinaire* ont cette volonté de rétablir ces instants passés avec des êtres à qui il a donné sa poésie (infectieuse ?) et qui n'ont pas daigné lui en rendre l'éclat. Mais cette volonté ne suffit pas à réanimer l'objet de son amour. Revenant de New York, il entre dans le bar où il avait coutume de croiser Cass et apprend qu'elle s'est tranché la gorge. Elle ne l'a pas fait devant lui. Elle l'a fait exactement comme elle l'aurait fait si elle ne l'avait pas rencontré. Encore une fois nié, encore une fois privé de retour sur lui-même, ce n'est pas Cass qu'il s'imagine faire revenir, mais une adolescente jamais touchée qu'il s'invente. Vierge brune rappelant la jeune Grecque de *Méditerranée* de Jean-Daniel Pollet ou l'angélique profil du dernier plan de *La dolce vita* de Fellini, elle s'accoude à sa fenêtre et l'invite à la suivre sur ce banc de sable qu'elle appelle « son île ». Des plans de Gazzara titubant, silhouette moléculaire perdue comme il l'était dans le théâtre au tout début du film, achèvent la trajectoire romantique et minable de Serking par un extralucide virage.

La demande d'audience d'Amedeo en reste à sa simple énonciation jusqu'à la fin du film. Ce qui évolue en revanche, c'est l'objet de cette demande. À force de vouloir rencontrer ce(lui) qui, au fur et à mesure du film n'est plus le Pape, mais « son pape », Amedeo trouve une issue pour le moins décalée à ce qu'il appelle « son problème ». Le remplacement d'une nécessité (je dois voir le Pape pour lui donner mon secret) par un avènement final qui dit qu'à tout mouvement de désir une conséquence s'obtient (j'ai eu le Pape mais pas celui que je croyais) a lieu. Lors d'une apparition du Pape à la fenêtre de Saint-Pierre de Rome, Amedeo retranché derrière une colonne souffle dans la tige de son drapeau, sarbacane qu'il s'est construite pour littéralement « piquer la curiosité » du Pape. Il est neutralisé par des badauds qui le prennent pour un assassin. Résistant aux gardes qui l'emmènent une énième fois, il hurle « *Papa ! Papa !* » (en italien, père se dit *papà*, et Pape, *Papa*). Un matin, depuis le balcon d'Aïche, il observe la ville avec des jumelles et aperçoit (le rapport de distance est là encore improbable) son « Papa » marchant dans les jardins du Vatican en compagnie d'un évêque. Mêmes interpellations envers celui qui reste flou dans les jumelles, fantasme sur lequel il est décidément impossible d'accommoder. De primitif but à atteindre, le Pape devient abstraction, rêve puis énigme, objet d'amour si fou qu'à la place de l'étreindre on désire *l'intégrer*. Être lui, être le *Papa*, ce qui ne veut pas peu dire lorsque l'on sait – dès le début du film – qu'Amedeo est orphelin (il n'est d'ailleurs désigné que par son prénom)... Et quand le jeu sur les mots semble vouloir réduire l'énigmatique beauté du film en une psychanalyse peu scrupuleuse, un autre élément vient confirmer le démentiel glissement Pape/papa si radicalement qu'il le dévoie. Aïche tombe enceinte. Amedeo refuse tout d'abord la grossesse, puis revient vers Aïche pour s'entendre dire qu'il est trop tard. Non qu'elle ait avorté, mais par miracle (et condensation du temps dans le film) l'enfant est né. Et l'homme qui vit dorénavant avec Aïche, celui qui élèvera son fils, n'est autre que le commissaire Diaz, celui qui a « filé » Amedeo pendant toute l'aventure justement comme on file une métaphore... Papa n'est plus alors ce qui est impossible à *avoir*, mais ce qu'il est impossible d'*être*. Renversement par changement d'auxiliaire qui fait revenir une ultime fois Amedeo devant l'entrée de Saint-Pierre de Rome. Atteint d'une pneumonie, il se traîne jusqu'à la porte de son *Papa* et dépasse – miracle ? – les deux gardes suisses qui lui ont à chaque fois barré le passage. L'esquisse d'un sourire satisfait, d'une beauté inquiétante, se trace sur son visage. Mais deux autres gardes surgissent derrière les premiers et lui bloquent une ultime fois le passage. Amedeo insiste, suppliant un « *Chiedo asilo* [11] » (je demande l'asile) avant de faire demi-tour. Amedeo fait quelques mètres, et tombe. Diaz vient constater sa mort dans la scène qui suit, mais il n'a pas le temps de s'occuper du corps, un garde

| [8] M. Aguéev *Roman avec cocaïne*, trad. Lydia Chweitzer, Belfond, 2003. Le livre raconte l'histoire d'un jeune étudiant qui sombre dans la drogue à la suite de divers échecs (scolaires, amicaux, sexuels, amoureux). La drogue lui permet de s'ausculter et de démanteler l'enfer d'une époque dont il se sent exclu, de laquelle il « glisse », par laquelle il n'est pas « retenu ». Elle le fixera dans la mort après l'avoir éconduit au dehors de ce lui-même qu'il trouvait insensé. | [9] Ibid, p. 27. | [10] Ibid, p. 31. | [11] *Chiedo asilo* (1979) est le film de Ferreri connu en France sous le titre *Pipicacadodo*. Film à la fin duquel un enfant sur une plage sort de son autisme en allant à la « mer ».

vient le prévenir qu'un inconnu s'agite à l'entrée du Vatican. Ce que requiert l'inconnu, avec une ferveur qu'à ce moment je reconnais pour l'avoir vue se déplier pendant plus d'une heure et demie de film, c'est une audience avec le Pape… Le commissaire Diaz le prie de le suivre, et l'inconnu s'exécutant aperçoit le cadavre d'Amedeo sur le sol. Un zoom effrayant marque alors sa stupeur. Le nouveau venu, qui vient prendre la place du mort, peut voir ce que sera sa fin *en face*. Ce plan tragique « rend » à Amedeo son image, et l'en prive définitivement puisqu'elle fixe celle de sa mort, représentation révélée une fois pour disparaître à jamais. Me reviennent en mémoire les conversations chahutées des moines au couvent, dont la problématique était que l'Église contemporaine n'a plus de saints. Amedeo en serait-il un ? Phtisique (touché justement par le mal des saints), Amedeo semble lors de sa mort avoir révélé son évanescence sur le visage d'un autre (le nouveau demandeur d'audience), prenant les traits de cet autre pour un saint suaire moderne qui conclut que le Pape n'existe pas, que ce n'est que sur un être organique et palpable *au-delà de la vue* que la foi peut prendre greffe. Profane, mais vrai. Plus que la vie terminée d'Amedeo et le secret qui l'a régie, le visage du second jeune homme semble renfermer toutes les images du film, me rendant *l'Audience* impénétrable, objet énigmatique qui n'est palpable que de l'extérieur, présence matérielle pleine et finie dont il me semble que j'ai obtenu l'essence *de mes mains*. Aspect surréaliste d'une œuvre qui réajuste le tir de ma perception, prônant qu'il faut évaluer le volume d'une coquille pour atteindre aux tourments du clergyman [12]. « Je n'ai pas pu encore installer le bonhomme, mais j'ai toujours pu détruire ce qui m'en empêchait [13]. » Amedeo n'a pas obtenu de pape – il n'a réussi ni à l'avoir ni à l'être – mais il a néantisé ceux qui entravaient son chemin. Sa quête fut l'instruction d'un procès, différent certes de celui de Kafka mais pourtant pas contradictoire. Église, enquête, examen, réforme, hérésie : tous les éléments étaient là pour que *l'Audience* consiste en un procès en canonisation, procès déviant où le sujet à canoniser aurait été vivant – ce qui est rare dans l'histoire de l'Église – mais surtout où il aurait instruit sa propre canonisation, éliminant sur son passage ceux qui auraient dû s'en charger.

L'arrêt de mort

« Les boulevards étaient comme les gens : semblables, sans doute, dans leur jeunesse, ils changeaient progressivement en fonction de ce qui fermentait en eux [14]. » Quand le marcheur est seul face à la ville, faut-il qu'il la tienne pour une suprême conscience en ce qu'elle est l'unique miroir capable de lui renvoyer son évolution ? Et dès lors qu'elle l'exclut, ne doit-il pas comprendre qu'elle entretient ses fantasmes d'immortalité ? Seuls et privés de retour sur eux-mêmes, Serking et Amedeo ne disposent plus que de la ville – qui devient adversaire et comparse, décor rivalisant avec l'humain, décor doté de mémoire et d'un étrange pouvoir de réflexion. Mais si *Ici* a sa conscience, qu'en est-il de son inventeur ? « Je ne suis pas censé assister à une représentation des êtres que je dois au passage purger [15]. » Cette phrase d'Artaud serait une bonne définition de la position de Ferreri dans sa cité, auteur dont la présence omnisciente, séminale, permet à ses personnages d'atteindre à la souveraineté.

La cité Ferreri réserve un édifiant exil à ceux qui savent l'arpenter. C'est un asile éternel qu'elle propose ! Amedeo y réside, Charles Serking également. Tous deux se sont dilués dans le parterre de leur ville – niveau zéro à partir duquel l'altitude se mesure – dilués dans le sable d'une plage ou le sol du Vatican, ils ne se perdent plus dans les méandres de ses caves et ne vont plus se reposer dans ses symboles, ils coïncident avec son lieu le plus secret, angle mort où je ne peux pénétrer, angle mort, c'est-à-dire zone définie par ce qui est « hors mes yeux », dangereuse marge que je me dois de surveiller sous peine d'oublier que je suis mortelle.

| [12] Antonin Artaud, « Scenarii », in *Œuvres complètes*, tome III, Gallimard, 1978, p. 67. | [13] Antonin Artaud, « Installer le bonhomme », *op.cit.*, p. 435. | [14] M. Aguéev, *Roman avec cocaïne*, *op.cit.*, p. 77. | [15] Antonin Artaud, « Installer le bonhomme », *op. cit.*, p. 449.

Shiguéhiko Hasumi

John Ford ou l'éloquence du geste

à Chantal

I – Le sénateur et le paquet postal

Un train avance vers nous tiré par une locomotive à vapeur et ralentit le long du quai d'une petite gare. Cette image nous fait penser à l'*Arrivée d'un train à La Ciotat* (1895) mais à la différence de la vue Lumière, dans ce plan d'introduction du *Doctor Bull* (John Ford, 1933), la locomotive siffle à plusieurs reprises. On retrouve ce sobre décor ferroviaire au début de *The Man Who Shot Liberty Valance* (*l'Homme qui tua Liberty Valance*, 1961). La mise en scène de ce western crépusculaire repose-t-elle sur le même principe narratif que dans le premier volet de la trilogie tourné par Ford pour la Fox avec Will Rogers [1] ?

The Man Who Shot Liberty Valance confirme à première vue la règle classique de construction. Le film commence par le train amenant de la capitale à cette petite ville de l'Ouest un sénateur (James Stewart) et son épouse (Vera Miles), et s'achève par leur départ. Ce couple aux cheveux blancs se rend aux funérailles d'un ami, et les souvenirs de l'homme politique qui a vécu dans cette région seront montrés en flash-back. L'arrivée du train était donc indispensable à l'organisation narrative du film. Dans *Doctor Bull* par contre, le train joue un rôle seulement anecdotique car aucun protagoniste n'en descend. Le mécanisme narratif fonctionne à un autre niveau. Dans le plan initial du film, le train ne transporte qu'un seul objet : un sac postal noir soudain lancé d'un wagon et qui atterrit brusquement. Le gros plan de ce sac postal sur le sol inaugure la narration, et préfigure le plan du sac de la banque lancé par Doc Holliday (Victor Mature) en signe d'adieu à Chihuahua (Linda Darnell) dans *My Darling Clementine* (*la Poursuite infernale*, 1946).

Dans *Doctor Bull*, on ne voit pas qui a lancé le paquet. L'employée de la poste le ramasse et se dirige vers son lieu de travail. Son bavardage avec ses collègues introduit le personnage du docteur Bull. *Idem* pour la fin : un train arrive le long du quai filmé sous le même angle. Cette fois, un paquet postal blanc est jeté d'un wagon. Le même acte de « lancer » organise donc l'enchaînement narratif du film. L'employée de la poste informe le contrôleur que le médecin de campagne vient de faire une grande découverte scientifique. Le docteur Bull prendra le train pour son voyage de noces avec sa nouvelle épouse. Le film se termine par l'image du train qui s'éloigne, mais sur le plan narratif c'est en fait le lancer du paquet postal qui achève le récit. La ressemblance entre *Doctor Bull* et *Liberty Valance* n'est donc que superficielle.

Mouvement collectif

Il est propre à John Ford de montrer l'image d'un paquet lancé plutôt que celle d'un train qui arrive ou qui part. Le paquet n'a pas de sens particulier, mais le fait qu'il soit lancé joue un rôle dans la narration. Désignons ce geste de « lancer » comme thème qui, par sa répétition, articule la structure narrative des films, quel que soit leur genre. La signification du thème du lancer varie d'un film à l'autre. Il est un élément unificateur, faisant correspondre les moments analogues de différents films. Sur le plan narratif, ce thème marque soit une ouverture, soit une rupture. Il déclenche, accélère ou freine le cours du récit.

Dans *Steamboat Round the Bend* (1935), le dernier volet de la trilogie Will Rogers, le lancer collectif des objets a pour but d'annoncer le dénouement du film. Le récit s'organise selon le système griffithien du *last minute rescue*. Un jeune homme innocent, accusé de meurtre, attend la pendaison. Sa fiancée, encouragée par son futur oncle, un marchand de fausses boissons pharmaceutiques (Will Rogers), cherche un témoin pour sauver son ami de l'échafaud. Elle le trouve et va l'emmener sur le bateau de son oncle jusqu'au tribunal de la ville. Le temps presse, mais le Mississippi est encombré par une compétition navale. L'oncle décide d'y participer ; hélas, son bateau à vapeur ralentit à mi-chemin, faute de combustible. Will Rogers ordonne alors à l'équipage de lancer des objets. Les figures représentatives du Ford des années 1930 – Francis Ford, Stepin' Fechit, Berton Churchill – jettent donc dans la chaudière tout ce qui est inflammable : tables, chaises, charpente du pont, mannequins de cire, etc. Ils vont jusqu'à précipiter des bouteilles pharmaceutiques... vraisemblablement du rhum ! À chaque bouteille, d'énormes flammes surgissent. Le bateau accélère et arrive à bon port. Cette séquence de course fluviale d'une drôlerie absurde est digne des frères Marx [2]. Le thème du lancer est décisif sur le plan narratif ; cette action collective a sauvé un jeune homme innocent.

L'exemple de *Steamboat Round the Bend* incite à réfléchir sur le thème du lancer : sur le sujet qui agit, sur l'objet lancé, quand et dans quel but. Le lancer collectif, bien qu'assez rare, crée des situations typiquement fordiennes. Dans *How Green Was My Valley* (*Qu'elle était verte ma vallée*, 1941), les membres de la famille lancent l'argent de leur salaire dans le grand tablier de la mère. Le lancer, rite familial, apparaît dans un contexte totalement opposé avec*Tobacco Road* (*la Route au tabac*, 1941), où la déchéance des fermiers sous la Grande Dépression est symbolisée par la brutalité du fils au chômage lançant une balle de base-ball contre le mur de la maison en bois. Les membres affamés de la famille, à un signal muet de la mère, vont lancer des pierres contre le gendre (Ward Bond) pour lui voler des radis. Comme pour une opération militaire, ils ont chacun une grosse pierre à la main et approchent en silence du jeune homme séduit par la fille de la famille (Gene Tierney). Grâce

---

| [1] Voir le commentaire de Tag Gallagher : « Comme dans des dizaines de films de Ford, *Doctor Bull* commence et finit sur un véhicule qui fait la liaison (un train ici et dans *Liberty Valance*, un vapeur dans *The Sun Shines Bright*, une diligence dans *Fort Apache*, etc.), suggérant l'autosuffisance de la communauté et son isolement par rapport au monde extérieur. » *John Ford, The Man and His Films*, Berkeley, Los Angeles, 1986, p. 94. | [2] Dans *Go West* (1940), les Marx Brothers détruisent les wagons pour en jeter les débris dans la chaudière de la locomotive.

De gauche à droite et de haut en bas : *The Informer, The Man Who Shot Liberty Valance, How Green Was My Valley, The Quiet Man.*

au lancer collectif des pierres, ils réussiront à acquérir quelques radis. Cette séquence décrivant la misère humaine s'est transformée en une scène optimiste, digne des comédies légères. Est-ce dû à la magie du lancer fordien ?

Autre lancer collectif : dans *She Wore a Yellow Ribbon* (*la Charge héroïque*, 1949), le sergent de cavalerie vétéran (Victor McLaglen), sur le point de prendre sa retraite, s'enivre de whisky irlandais sous les yeux d'un barman débonnaire (Francis Ford). Le même jour, le capitaine Bristol (John Wayne) quitte définitivement l'armée. Le sergent, habillé en civil, accable de coups de poings les collègues qui viennent l'arrêter (en prison, il sera en sécurité). Bien qu'à moitié assommés, les soldats acceptent la proposition du sergent de trinquer pour célébrer le départ du capitaine. Dans leur joie, ils jettent leur verre contre une fenêtre, le barman lance sa bouteille de whisky et le sergent envoie un tout petit soldat contre un mur. La cérémonie d'adieu improvisée est bien peu militaire !

Mouvement à l'état pur

Chez Ford, lancer un objet ne représente pas seulement un rituel collectif anticonformiste au sein d'une communauté restreinte. Cette thématique, répétée tout au long de sa carrière, recèle des significations et fonctions variées. Les personnages, sans distinction de classe ou de race, masculins ou féminins, expriment leurs émotions en jetant tout ce qui leur tombe sous la main, parfois sans but. Ainsi, dans *Fort Apache* (*le Massacre de Fort Apache*, 1948), lorsque John Wayne, capitaine de cavalerie accompagné de Pedro Armendariz, ex-officier sudiste, jette une bouteille de whisky dans le ravin, son acte dessine un extraordinaire mouvement dans l'espace. *Idem* quand le déserteur Ben Johnson de *Rio Grande* (1950), descendant au galop d'un rocher, lance une boîte de conserve. Les deux scènes se passent dans le paysage désertique de Monument Valley. Par sa beauté, le mouvement de l'objet lancé fait oublier la logique narrative. On connaît la provenance de la bouteille et de la boîte, mais la soudaineté du lancer nous surprend par son isolement. L'acte de lancer, comme thème, fonctionne ici par surprise. On se rendra compte ensuite qu'il clôt une séquence dans *Fort Apache* et en inaugure une autre dans *Rio Grande.* Le génie de John Ford se manifeste dans cette mise en scène imprévue mais indispensable. Ben Johnson lançant au loin son revolver dans *Wagon Master* (*le Convoi des braves*, 1950) s'inscrit dans ce contexte.

C'est au niveau de cette surprise thématique que l'on assiste à un très beau moment dans l'épisode « The Civil War » de *How the West Was Won* (*la Conquête de l'Ouest*, 1962). Le soldat sudiste (George Peppard) revient à la ferme natale et apprend que ses parents sont morts pendant la guerre. On voit l'image de son frère cadet lançant un seau d'eau dans une cour où un grand arbre donne de l'ombre. Ce geste illustre, à son insu, l'accueil affectueux pour le frère aîné. Semblable au paquet postal lancé dans *Doctor Bull* qui inaugurait et terminait le récit, le seau d'eau lancé sans signification symbolique, comme la bouteille de whisky et la boîte de conserve, joue à l'improviste le rôle narratif d'amorcer soudainement la scène finale.

She Wore a Yellow Ribbon, Stagecoach, The Quiet man.

II – Visible, mais échappant à la perception

Dans toute son œuvre, John Ford a recours au thème du lancer aux moments les plus décisifs, ce qui n'a jamais attiré l'attention des critiques. Significativement, l'un des rares commentaires faisant allusion au paquet postal lancé du train dans *Doctor Bull* est tenu par le cinéaste Jean-Marie Straub, accompagné de Danièle Huillet. Dans un entretien avec Charles Tesson, il déclare : « Ce qui est important, c'est que Ford n'a pas de style. Qu'y a-t-il de commun entre *Three Bad Men* et les films avec Will Rogers, surtout celui qu'on préfère, qui est magnifique et qui balaie tout le néoréalisme [*Doctor Bull*] ? Quand on voit la mise en place, dans le film, de cette petite ville de province, le train qui arrive, le paquet de lettres sur le quai, la fille qui va à la poste. Ce n'est qu'une heure après qu'on comprend pourquoi. Toute la mise en place est complètement documentaire [3]. »

Remarquons combien Jean-Marie Straub est sensible, non au sujet ni à l'histoire du film, mais aux pures actions (« le train qui arrive, le paquet de lettres sur le quai, la fille qui va à la poste »). La mise en scène de John Ford ne relève pas d'une logique psychologique et narrative, mais de la succession de gestes isolés. Le terme « documentaire » utilisé pour « la mise en place [...] de cette petite ville de province » s'applique précisément à la suite de gestes neutres habituels, ritualisés par cette neutralité. Le thème du lancer est visible, pourtant ce qui est spécifique au cinéaste est rarement perçu.

D'où la nécessité de réfléchir sur ce qu'on appelle le style de John Ford. Il est vrai que qualifier de « documentaire » la vie rurale dans *Doctor Bull* n'est pas applicable à la course fluviale de *Steamboat Round the Bend*. À l'instar de Straub, on se pose la question : qu'y a-t-il de commun entre les trois films avec Will Rogers produits par la Fox et les films réalisés par Ford presque simultanément pour la RKO : *The Lost Patrol* (*la Patrouille perdue*, 1934) et *The Informer* (*le Mouchard*, 1935) ?

Les trois films Fox n'ont aucune prétention. John Ford se contente de mettre en scène. Par contre, pour *The Lost Patrol* et surtout pour *The Informer*, l'auteur a une ambition esthétique, et même politique. La lumière de la petite ville de province dans *Doctor Bull* contraste avec la scène nocturne d'ombres « expressionnistes » à Dublin reconstituée en studio dans *The Informer*. Rien de dramatique dans la description du médecin « populiste » de la communauté rurale, contrairement au déchirant conflit intérieur du prolétaire irlandais. À moins de bien connaître la filmographie fordienne, on a peine à croire que ces deux films soient du même cinéaste. Notre perspective thématique nous permet de reconnaître ce qui les relie : dans *The Informer*, Gypo Nolan (Victor McLaglen) nous est présenté, lançant un mégot, comme d'autres personnages fordiens. Apercevant dans la nuit son amie harcelée par un homme louche, il jette sa cigarette par-dessus son épaule avant de s'approcher d'eux. Gypo précipite cet homme par terre, mais son geste est malvenu, car alors son amie perd un client. À cause d'elle, il mourra, après avoir dénoncé un camarade. Le thème du lancer acquiert ici une couleur tragique.

Allumer et lancer

On allèguera l'habitude répandue de filmer de mille manières des personnages en train de fumer. Chez John Ford, on fume aux moments décisifs. Personne ne jette son allumette, sa cigarette ou son cigare avec autant de persévérance que dans son œuvre. Dans *How the West Was Won*, pendant la discussion entre le général Sherman (John Wayne) et le général Grant (Henry Morgan) sur les obligations de la guerre, on trouve naturel qu'ils fument le cigare. Or, John Wayne fume dans le seul but de pouvoir, dans sa colère, jeter son cigare par terre. Il est certain que Ford fait refaire à John Wayne le geste de Harry Carey qui lançait ses cigarettes à chaque moment significatif du récit, quand il jouait le rôle de Cheyenne Harry dans les westerns muets d'Universal.

Dans *The Quiet Man* (*l'Homme tranquille*, 1953), l'ex-boxeur (John Wayne) revient au pays, et près d'une forêt allume une cigarette, semblant obéir à un rite. Au moment de jeter son allumette, il aperçoit à travers les arbres Maureen O'Hara guidant ses moutons sur la pelouse en pente, comme si, en allumant sa cigarette, il avait provoqué l'apparition d'une créature de rêve. Son geste de lancer l'allumette reste suspendu et l'immobilise, émerveillé. Il ne se remettra à fumer que lorsque la jeune femme aura disparu.

Allumer une cigarette est tout autre chose que simplement fumer. Dans la configuration thématique fordienne, cela implique l'acte de lancer, avec l'effet narratif de faire appel à une présence érotique féminine. John Wayne, dans *The Quiet Man*, fait preuve de cette constance. Victor McLaglen lançant son mégot dans *The Informer* est soumis, lui aussi, à l'effet narratif de son acte quasi automatique. La manifestation thématique du lancer a alors

---

[3] « La ligne de démarcation – Entretien avec Jean-Marie Straub et Danièle Huillet » in *John Ford*, sous la direction de Patrice Rollet et Nicolas Saada, Éditions de l'Étoile/Cahiers du cinéma, 1990, p. 102-105.

des conséquences opposées : bénéfiques dans *The Quiet Man* et maléfiques dans *The Informer*. Cette ambiguïté assurera la régularité thématique, car lancer régit soit l'apparition, soit la disparition d'un être cher.

Il arrive qu'un héros fordien allume sa cigarette alors qu'il doit renoncer à une présence féminine. Ainsi, à la fin de *Liberty Valance*, John Wayne, après avoir tué un hors-la-loi à la place de son ami James Stewart, décide de se séparer de Vera Miles pour qui il éprouve plus que de l'amitié. Le décor est nocturne, comme à Dublin dans *The Informer*, et la silhouette de John Wayne se détache contre un mur dans l'ombre. Il jette son allumette enflammée. Ce geste de lancer est comme un signe d'adieu ; il va ruiner sa vie dans l'alcool.

La cigarette peut être un détail thématique interchangeable. Ce qui importe est l'acte de lancer, non pas l'objet remplaçable. Allumer une lampe peut amener une situation narrative semblable à allumer une cigarette. Dans *How Green Was My Valley*, lorsque le prêtre Walter Pidgeon revient dans sa chambre et allume la lampe, il est surpris par la présence dans l'obscurité de Maureen O'Hara venue lui dire adieu. Immobilisé comme John Wayne dans *The Quiet Man,* le prêtre suspend son geste de lancer l'allumette éteinte par-dessus son épaule, geste accompli par le prolétaire irlandais dans *The Informer.* On retrouve dans *Rio Grande* ce jeu d'ombres et de lumières faisant surgir un corps féminin. Lorsque John Wayne, officier de cavalerie, revient sous sa tente, il allume la lampe avec une allumette qu'il jette par terre. Brusquement surgit sa femme Maureen O'Hara. Leur étreinte fulgurante confirme la thématique du lancer.

Variétés

Dans cette perspective, lancer n'a pas nécessairement une conséquence narrative. Ce thème provoque parfois un effet burlesque, comme l'énorme tarte à la crème que reçoit John Wayne dans *The Wings of Eagles* (*L'aigle vole au soleil*, 1957), ou le whisky et la chaise que John Wayne et Lee Marvin se lancent dans *Donovan's Reef* (*la Taverne de l'Irlandais*, 1963), ou encore le tabac à chiquer que le vétéran Francis Ford s'amuse à envoyer dans le crachoir du tribunal (*Judge Priest,* 1934). La chique étant invisible, le cinéaste a recours à un effet sonore. Pendant la plaidoirie du procureur, le bruit du crachoir dévalorise le solennel discours institutionnel. De même pour le cocher de diligence Francis Ford qui crache devant un militaire haut gradé (Henry Fonda) dans *Fort Apache*.

Quand il s'agit d'objets destinés au lancer, comme le couteau d'acrobatie dans la scène de récréation de la prison de *Up the River* (1930), l'acte de lancer effectué par Spencer Tracy n'engendre aucun effet narratif. Rien d'extraordinaire à ce qu'un lanceur lance un couteau. Il est naturel pour un soldat américain sur le champ de bataille de la guerre 1914-1918 de lancer des grenades, comme James Cagney dans *What Price Glory* (1952). Les choses sont moins naturelles lorsque le lancer a une fonction métonymique. Comparons la scène de bataille du film en couleur de Ford à celle de la version muette réalisée en monochrome par Raoul Walsh, *What Price Glory* (*Au service de la gloire*, 1926). Chez Ford, la guerre est symbolisée par une unique scène de lancer de grenades, dans un décor artificiel presque abstrait éclairé par une lumière quasi « expressionniste ».

On comprend pourquoi John Ford a adapté à l'écran la célèbre pièce *Mister Roberts* écrite par Thomas Heggen et Joshua Logan, interprétée à Broadway par Henry Fonda. Sans revenir sur la rupture entre le cinéaste et l'acteur, on imagine que Ford dut surtout s'intéresser aux deux moments clé de la pièce où ont lieu des lancers spectaculaires. Ne sachant qui des trois metteurs en scène – Ford lui-même, Mervyn LeRoy qui l'a remplacé ou Joshua Logan – a tourné les scènes où Henry Fonda et Jack Lemon jettent à la mer les plantes en pots du capitaine James Cagney, on est presque certain que ce film hybride est signé John Ford, à cause de la répétition même du lancer.

Deux films de télévision réalisés dans les années 1950 et 1960 et ayant comme sujet le base-ball racontent les mésaventures d'une vedette éloignée du stade, faussement accusée d'avoir reçu des pots-de-vin. Ford ne montre aucun joueur lançant la balle, ou en tout cas, lancer la balle n'a pas de signification. Notons qu'à l'opposé, le souvenir des deux joueurs reste gravé dans la mémoire du grand public par leur manière caractéristique de lancer. Dans *Rookie of the Year* (1955), ce n'est pas la balle, mais un bâton qui est lancé. John Wayne, reporter sportif, remarquant la façon dont le *rookie* jette sa batte à chaque jeu raté, découvre la parenté du jeune débutant avec un célèbre joueur en retraite (Ward Bond). Dans *Flashing Spikes* (1962), un autre joueur (James Stewart), écarté des professionnels, sauve un jeune espoir injustement accusé. Son identité est reconnue par son geste habituel de se donner du courage en ramassant un peu de terre et en la lançant par-dessus son épaule. Pour John Ford, c'est l'éloquence du geste qui prime.

Dans des situations émotionnelles, les personnages lancent tout ce qui leur tombe sous la main. À la fin de *Arrowsmith* (1931)

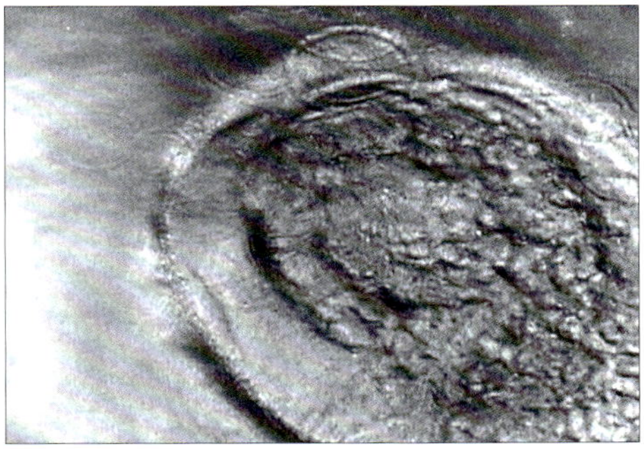

The Searchers, Stagecoach, Young Mr Lincoln, The Lost Patrol.

Ronald Colman, médecin humanitaire, jette son verre de whisky contre un mur quand il décide de mener une nouvelle vie. Dans *Drums Along the Mohawk* (*Sur la piste des Mohawks*, 1939), un Indien, découragé par une poursuite interminable à travers forêts et collines, lance son bâton contre la silhouette de Henry Fonda disparaissant à l'horizon. De honte et de déception, ayant raté sa dernière mission, John Wayne lancera son chapeau sur le bureau du commandant (George O'Brien) dans *She Wore a Yellow Ribbon*. Pour Henry Fonda, ce sera un geste de joie, lorsqu'il jettera son chapeau en l'air, en invitant à danser Cathy Downs dans *My Darling Clementine*. John Wayne, dans *The Quiet Man*, accompagné de Maureen O'Hara, répétera ce geste plus spectaculairement, et confirmera que l'acte de lancer éclaire différemment les films. Dans un contexte dramatique, Thomas Mitchell, frappé par une barre de fer lancée, tombe assommé à la fin de *The Long Voyage Home* (*les Hommes de la mer*, 1940).

Ainsi, le docteur ivrogne (Thomas Mitchell) de *Stagecoach* (*la Chevauchée fantastique*, 1939) jettera-t-il son whisky dans la cheminée, pour exprimer sa méfiance à l'égard du banquier (Berton Churchill). Les flammes provoquées par l'alcool traduisent visuellement son sentiment. L'ancien sudiste John Wayne exprimera son énervement en faisant le même geste dans le restaurant mexicain de *The Searchers* (*la Prisonnière du désert*, 1956), mais de manière plus frappante – le film est en couleur – devant son neveu finissant son repas. Déçu de ne pas comprendre le mot *arsonist* (incendiaire) prononcé par Maureen O'Hara, Victor McLaglen, dans *Rio Grande,* lancera un baquet dans la rivière. Dans *My Darling Clementine*, Victor Mature jettera, de désespoir, son verre vide contre le diplôme de médecin pendu au mur. Au bar de *The Horse Soldiers* (*les Cavaliers,* 1959), après la bataille contre les sudistes, le colonel John Wayne aura le recours rageur de lancer son verre de whisky sur un collègue (Willis Bouchey) qui, parmi les blessés, ne pense qu'à sa carrière.

Solitaire et solidaire

L'acte de lancer isole celui qui lance. Seul au comptoir, sans ses collègues de la communauté militaire, John Wayne explique à Constance Towers sa haine des médecins. À la fin d'un long monologue, il jettera sa bouteille sur les verres du comptoir. Ce comportement de John Wayne, officier nordiste dans *The Horse Soldiers*, est ambigu, voire contradictoire : chaque fois qu'il réussit une opération militaire, de rage, il lance des objets, comme s'il avait manqué à ses devoirs. Obligé d'ordonner à son régiment de tirer sur les sudistes malgré son horreur de livrer bataille, il esquisse de son bras droit le geste de jeter son chapeau par terre de désespoir. Quand son régiment parviendra à percer le front des sudistes, il arrive à cheval au plus fort du combat et, pour exprimer son dégoût des coups de feu inutiles, lance au loin le foulard qu'il porte autour du cou.

On ne prétendra pas que ces gestes de John Wayne illustrent l'antimilitarisme ou le soi-disant pacifisme de John Ford. L'essentiel est que le lancer isole le personnage de John Wayne au sein de sa profession et accuse sa solitude. Sur le plan narratif, ce qui fait événement par l'acte de lancer est le cou du colonel subitement privé de son foulard jeté au loin et remplacé par le foulard de soie qui couvrait les cheveux de Constance Towers. Lors de sa der-

Stagecoach, The Searchers.

nière mission, où il détruit un pont pour éviter un combat sanglant, il se le nouera autour du cou. Dans *Fort Apache*, mais sans contexte érotique, John Wayne, cette fois encore, jette son foulard par terre, lorsqu'il comprend que son régiment, dirigé par Henry Fonda, s'enfonce dans une bataille qu'il aurait dû éviter. Ce geste de lancer exprimant le renoncement fait écho au geste du chef Cochise qui ramasse de la terre pour la jeter ensuite.

She Wore a Yellow Ribbon, Donovan's Reef.

III – Femme qui lance

Il a souvent été dit que les films de John Ford illustraient ou défendaient les valeurs des communautés masculines. Le thème du lancer indique pourtant chaque fois le contraire. Sauf exception, lors de rares lancers collectifs, ce thème isole le héros au sein d'un groupe. Ce sont plutôt les femmes qui sont solidaires des héros, en lançant des objets avec autant d'aplomb que les hommes.

Dès son apparition dans *My Darling Clementine*, Linda Darnell, l'hôtesse Chihuahua du bar de Tombstone, circule parmi des joueurs de cartes où l'on remarque Wyatt Earp (Henry Fonda). Ayant saisi au vol un jeton, avec la même adresse que le chanteur de rue Dennis O'Dea rattrapait de la monnaie dans *The Informer*, elle manipule ce jeton en chantant, et par un signe indique au patron les cartes des joueurs. Elle jette ensuite le jeton sur la table. Son attitude peut être comparée à celle des héros fordiens qui lancent un objet pour terminer une scène. Comprenant son rôle d'espionne, Henry Fonda la saisit brusquement et la jette dehors dans un grand baquet d'eau. Cette séquence reproduit celle du jeu dans *Frontier Marshal* (1939) dont John Ford a fait le *remake*. Dans le film d'Allan Dwan, Wyatt Earp (Randolph Scott) jette dans l'eau l'hôtesse espionne (Binnie Barnes) qui pourtant n'avait rien lancé. Le comportement de Linda Darnell est donc une pure invention de John Ford.

Jean Arthur, dans *The Whole Town's Talking* (*Toute la ville en parle*, 1935), lance son chapeau et son verre en carton avec une légèreté comparable à celle de John Wayne dans *The Quiet Man*. Linda Darnell, dans *My Darling Clementine,* jette son verre de bière sur le comptoir comme John Wayne dans *The Horse Soldiers.* Ava Gardner dans *Mogambo* (1953), seule dans sa chambre, n'ayant pas réussi à séduire Clark Gable, de colère jette sa valise et une bouteille de rhum, aussi furieusement que possible. Quant à Maureen O'Hara dans *The Wings of Eagles,* elle lance nonchalamment son chapeau et sa serviette de bains comme John Wayne l'a fait avec un bouquet de fleurs. Elizabeth Allen dans *Donovan's Reef*, conduite par John Wayne chez son père, lance son sac à main, ses souliers et son chapeau avec une ardeur toute masculine. Et enfin, Vera Miles, dans *Rookie of the Year*, lance son revolver d'une manière qui rappelle le geste de Ben Johnson dans *Wagon Master.* Concluons : le thème du lancer peut s'appliquer aussi bien aux femmes qu'aux hommes.

Bénéfique/maléfique

Le lancer d'un même objet peut exprimer différentes émotions suivant la situation narrative. Par exemple, les personnages qui lancent des cailloux le font dans plusieurs buts. On se souvient que John Wayne, poursuivi par des Indiens dans *Stagecoach*, au moment crucial de la traversée en diligence de la rivière, jette des cailloux sur les chevaux pour les faire avancer. Victor Mature en fuite dans *My Darling Clementine,* assis à côté du cocher de la diligence, lance lui aussi des cailloux sur les chevaux. Aucun western ne montre si fréquemment les hommes de l'Ouest lancer des pierres sur des animaux. Dans *Stagecoach,* l'acte de lancer a une couleur libératrice. Dans la scène finale, on voit le shérif George Bancroft et le médecin Thomas Mitchell lancer, de connivence, des cailloux sur la voiture occupée par John Wayne et Claire Trevor. Ce lancer bénéfique clôt le film [4].

Les cailloux peuvent aussi être lancés sans intention préalable dans un étang ou une rivière. Dans *The Lost Patrol*, un soldat, au milieu du désert, lance une petite pierre dans l'eau d'une oasis par désespoir d'être encerclé d'ennemis invisibles. En contraste, lorsque Richard Widmark, dans *Two Rode Together* (*les Deux Cavaliers*, 1961) au cours de son dialogue dans la forêt avec Shirley Jones, lance une pierre dans l'étang, la surface de l'eau parcourue d'ondes circulaires préfigure l'accomplissement de leur amour. Cette scène rappelle un très beau moment de l'œuvre fordien. Dans *Young Mr Lincoln* (*Vers sa destinée*, 1941), Henry Fonda, qui vient de quitter une femme aimée, s'approche lentement d'une rivière, et jette une pierre dans l'eau. La scène est splendide. La surface de l'eau est parcourue de cercles s'élargissant, signifiant thématiquement son adieu à la femme qu'il aime. Nous comprenons au plan suivant qu'elle est morte. Le futur Président des États-Unis rend visite, dans le froid de l'hiver, à son tombeau couvert de neige. Le thème du lancer a engendré cette sobre scène de transition annonçant l'anéantissement de la présence féminine.

Une pierre lancée dans l'eau peut, par ailleurs, provoquer une apparition. Dans *The Searchers*, John Wayne recherche sa nièce enlevée par les Indiens. Au bout de plusieurs années, il la retrouve, mais ne peut la sauver, car elle se comporte comme une indigène et fait partie de la famille du chef. John Wayne et son neveu Jeffrey Hunter sont donc au milieu du désert tout à fait bouleversés. Machinalement, John Wayne ramasse un caillou et le jette dans un étang. Comme répondant à son geste, apparaît une petite silhouette féminine qui

---

[4] On est surpris de lire, dans une étude monographique sur *Stagecoach* : « Le film se termine, comme tous les bons westerns, sur le héros à cheval s'éloignant de la caméra vers l'horizon lointain, mais pas seul, comme Shane. Le héros de western en solitaire invétéré est une invention de l'après-guerre, alors que le western avait passé l'âge de l'innocence et que son héros avait un fardeau existentiel à porter. » Edward Buscombe, *Stagecoach*, BFI Film Classics, British Film Institute, 1992, p. 76. Deux brèves remarques : John Wayne à la fin de *Stagecoach* n'a pas du tout l'intention de chevaucher vers l'horizon. Accompagné par le shérif George Bancroft, il accepte d'aller en prison. C'est par surprise qu'il part avec Claire Trevor, sous les cailloux lancés par le shérif et le médecin Thomas Mitchell. À propos de *loner*, contrairement à ce que dit Buscombe, les héros du western étaient solitaires déjà à l'époque du muet, non seulement dans des films de William S. Hart, mais aussi de John Ford avec Harry Carey, dans *Straight Shooting* par exemple.

descend la colline en courant. Moment magique, car cette apparition de sa nièce confirme, par surprise, la constance du thème du lancer. Moment tragique aussi, puisque ce thème rappelle la mort d'un être cher. D'où la violence de John Wayne qui ne peut admettre ni l'apparition de sa nièce ni la disparition de sa belle-sœur. Ford songeait-il à la scène d'adieu au bord de la rivière de *Young Mister Lincoln*, au moment du tournage de *The Searchers* ? À un intervalle de dix-sept ans, ces deux films se répondent par les gestes de John Wayne et de Henry Fonda qui jettent une pierre dans l'eau. L'œuvre fordienne s'accomplit au croisement du jeu thématique interfilmique de l'acte de lancer.

Solitude

Seuls les personnages capables de lancer un objet aux moments décisifs sont fordiens. Ils ne sont définis ni par leur caractère ni par leur profession, mais par leur performance dans l'acte de lancer. Pourtant, ce système visible n'est pas perçu comme une manifestation de ce thème. La manière dont John Wayne jette son foulard dans *Fort Apache* est trop furtive visuellement pour être remarquée. Le cinéaste reprend ce thème du foulard dans *The Horse Soldiers* pour insister sur la solitude du personnage. C'est sous cet angle que les films de la dernière décennie de John Ford doivent être regardés.

Quand John Ford déclare à Peter Bogdanovich à propos de *The Searchers* : « C'est la tragédie d'un solitaire [*loner*] [5] », Lindsay Anderson se scandalise du terme *loner*, comme si Ford commettait une erreur pour son propre film. Il prétend que le personnage *neurotic* de John Wayne ne peut être un *loner*, puisqu'il aime en secret sa belle-sœur, chose selon lui que les critiques n'ont pas saisie [6] ! Ce Britannique a-t-il compris que dans tous ses films, son geste solitaire rélève d'une configuration thématique du lancer ? Les personnages fordiens, à cause précisément de leur solitude, sont solidaires de qui traduit une émotion en lançant au loin un objet.

Il est rare, chez Ford, qu'en signe d'amitié ou de partenariat, des êtres humains se donnent un objet en le lançant, comme chez Howard Hawks. Par rapport à la boîte d'allumettes jetée par Humphrey Bogart à Lauren Bacall dans *To Have and Have Not* (*le Port de l'angoisse*, 1944), ou l'arme à feu lancée par Ricky Nelson à John Wayne dans *Rio Bravo* (1959), image optimiste de solidarité, le fusil échangé entre Woody Strode et John Wayne dans *The Man Who Shot Liberty Valance* exprime « la tragédie d'un solitaire ». Vera Miles, la femme aimée, appartient à un autre, comme dans *The Searchers*. On l'a vu, John Wayne s'éloigne d'elle, en lançant une allumette éteinte en signe d'adieu. Séquence suivante, au comptoir d'un bar, il jette sa cigarette par terre. Il assomme un acolyte de Liberty Valance, jette son revolver sur le comptoir et lance son verre de whisky sur des fuyards. Soûl, il lance la monnaie de ses consommations au barman et quitte le bar, bouteille à la main. Sur le pas de la porte, il jette encore de la monnaie aux musiciens. L'acteur John Wayne semble se parodier, répétant les gestes qu'il a faits dans *The Horse Soldiers*. L'effet narratif du lancer est ici très appuyé. Avant d'entrer chez lui, il jette la bouteille dans le jardin, et une fois dans la maison, lance contre le mur la lampe qu'il vient d'allumer.

Cette autodestruction de John Wayne, par lancers successifs, illustre tout à fait la solitude du héros fordien. La lampe lancée ne clôt pourtant pas ce film. Le thème du lancer affecte-t-il l'enchaînement narratif de *Liberty Valance* ? On dit habituellement que le film finit avec l'image du train qui s'éloigne, emmenant le sénateur et son épouse. Or, c'est un autre geste fordien qui termine le récit. James Stewart veut allumer sa pipe. Voyant la joie du contrôleur qui l'accueille comme « celui qui a tué Liberty Valance », il souffle son allumette et s'apprête à la jeter. Rien n'est plus spécifique à John Ford que ce geste suspendu d'un personnage, une allumette éteinte à la main. Le sénateur semble revendiquer la dignité d'être fordien !

On comprend combien le film *7 Women* (*Frontière chinoise*, 1965), avec Anne Bancroft en médecin se sacrifiant au bandit mongol pour sauver ses compagnes, est profondément fordien. Le lancer illustre au plus haut degré la solitude du personnage. Souvenons-nous de son geste final : avaler un verre de vin empoisonné qu'elle jette ensuite par terre avec un sourire résigné. Un fondu efface lentement son image de l'écran et les lettres *The End* se détachent sur fond noir. Cette disparition, faisant écho aux signes d'adieu de la thématique fordienne du lancer, marque non seulement la fin du film, mais celle de toute l'œuvre fordienne. Aucun cinéaste n'a achevé sa carrière avec autant de maîtrise.

| [5] Peter Bogdanovich, *John Ford,* traduit de l'américain par Christian Rozeboom, Edilig, 1988, p. 77. | [6] « *A loner*, selon la description qu'en fait Ford à Bogdanovich, mais le terme ne convient pas vraiment. Un motif plus immédiat et personnel pour le profond sentiment d'exclusion d'Ethan apparaît avec la claire indication de son amour pour la femme de son frère, amour partagé. Les autres en sont conscients, mais personne ne parle, et nous ne savons pas quelle importance y attribuer. », Lindsay Anderson, *About John Ford*, Plexus, London, 1981. p. 156. John Ford explique à Peter Bogdanovich : « Je crois qu'il est assez évident qu'elle a été amoureuse de Wayne. Ça ne se voit pas comme le nez au milieu de la figure, mais toute personne dotée d'un soupçon d'intelligence peut le deviner », *John Ford*, *op. cit.*, p. 77.

Vincent Deville | **Ford, toute première période**

Sur les soixante-dix films muets tournés par John Ford, il n'en reste qu'une dizaine. Les dix films qu'il a réalisés en 1917, l'année où il entame sa longue carrière de cinéaste, sont longtemps demeurés perdus. 1969 marque la découverte à Prague d'une copie de *Straight Shooting* (*Le Ranch Diavolo*, 1917). Il faudra attendre trente-quatre ans et l'année 2003 pour retrouver un autre Ford « première période », *Bucking Broadway* (*À l'assaut du boulevard*), tourné lui aussi en 1917. Deux westerns, deux films qui mettent en scène le personnage de Cheyenne Harry interprété par Harry Carey, lequel endossera le rôle pas moins de dix-huit fois pour Ford. De quoi réajuster l'approche de la carrière muette du cinéaste, que bon nombre d'historiens du cinéma se sont empressés de réduire à une aimable œuvre de jeunesse, en regard des « grands » films à venir [1].

Sur la ressortie de *Straight Shooting*, peu de choses. Les cartons tchèques changent curieusement le nom des personnages (le teigneux chef des cow-boys Duke Lee devient Big Bill, alors que le pauvre Cheyenne Harry est changé en Hal Philips), voire celui des acteurs (Molly Malone s'appellerait donc Ruth Ford, et Vester Pegg, William Roberts ?). Quant à cette réplique finale de Cheyenne Harry curieusement sous-titrée « j'appartiens à la patrie », Lindsay Anderson [2] nous rassure en révélant qu'il s'agit bien évidemment de « j'appartiens à la prairie ». La version qui circule, non teintée, est dans un état moyen et souffre de quelques manques, notamment une bagarre de saloon. On en sait un peu plus sur *Bucking Broadway*, puisque le film a été restauré en France par le Service des Archives du film du CNC [3]. C'est une boîte étiquetée *Un drame au Far West* qui dissimulait depuis des années une copie nitrate de distribution de 1918. Fortement éprouvée par le temps, cette copie a fait l'objet de la première restauration numérique en France d'un film dans son intégralité. N'ayant pu accéder aux intertitres anglais d'origine pour des raisons de droits, les restaurateurs sont donc repartis des intertitres français de la copie, dont la traduction a été confiée au MoMa de New York, où le film a été présenté en octobre 2003 dans le cadre du Festival of Film Preservation [4].

Sur quoi fonder la valeur de ces deux films aujourd'hui ? Principalement sur leur inscription dans la tradition de la représentation du paysage américain héritée de la peinture et de la photographie, mais aussi sur le renouvellement de ce genre pictural, à un moment où ces paysages sont en pleine métamorphose, menacés de disparition. *Bucking Broadway* notamment multiplie les signes de ces changements. Mais c'est aussi tout un pan du cinéma primitif américain qui est en train de s'estomper, au profit d'une modernité du jeu des acteurs, d'effets visuels et de libertés prises avec le montage. Avec *Straight Shooting* puis *Bucking Broadway*, Ford fixe deux moments clés de l'histoire américaine, aux répercussions irréversibles sur le paysage et les mentalités : la fin des petits propriétaires terriens avec *Straight Shooting* ; l'irruption de la fascination exercée par la ville, synonyme de moder-

De gauche à droite : Timothy O'Sullivan, *Canyon de Vermillion Creek, Colorado,* 1872, Washington DC. John Ford, *Straight Shooting.*

nisme, dans les campagnes les plus reculées avec *Bucking Broadway*. Soit la menace de l'exode rural et d'une autre gestion de l'espace.

Straight Shooting raconte la résistance d'un vieux fermier qui refuse de quitter sa terre et la maison qu'il a bâtie de ses mains, malgré les pressions d'une bande de cow-boys. Ce qui frappe surtout, c'est la beauté des paysages, et la communion visible des personnages avec leur milieu naturel. Dans ce film, entièrement tourné dans des décors naturels en extérieur, même les scènes d'intérieur semblent avoir été tournées en pleine nature, comme si la maison avait été ouverte aux quatre vents, à en voir les mouvements de la nappe sur la table et les courants d'air qui agitent la barbe du vieux Sims [5]. On passe tout au long du film de plans d'ensemble sur la contrée vallonnée où paissent paisiblement les troupeaux à des plans rapprochés sur les personnages enserrés dans une abondante végétation – Cheyenne Harry fait même sa première apparition en sortant d'un tronc d'arbre creux, et quand il tombe amoureux de Bessie, on le voit pensif un instant, entouré du même feuillage d'où nous était apparue Bessie en début de film. La mort du fils du vieux Sims, abattu sans sommation (*a straight shooting*) au bord d'une rivière scintillante, est tout simplement éclatante de beauté. Une beauté qui naît en partie de la juxtaposition de ce corps laissé sans vie alors que l'eau de la rivière coule encore.

| [1] « Quelques films dignes d'une relative attention » selon Jean Mitry, *John Ford*, tome 1, Paris, Éditions Universitaires, 1954, p. 55. « Néanmoins, les films agréables de Ford pendant ses dix premières années étaient moins de vrais films que des intertitres accompagnés d'illustrations », à en croire Tag Gallagher, « Ford jusqu'en 1947 », *Trafic* n° 47, automne 2003, p. 104. | [2] Lindsay Anderson, *John Ford*, trad. Ives Trevian, Paris, Hatier, 1985. | [3] Voir *Positif*, n° 504, février 2003, les articles de Jean-Louis Cot et Éric Loné, qui ont tous deux travaillé sur la restauration du film. | [4] Les spectateurs français avaient pu le découvrir en avant-première lors d'une diffusion télévisée au « Cinéma de minuit » sur France 3 en mai 2003. | [5] Et de fait, la maison était très certainement ouverte pour capter la lumière naturelle.

De gauche à droite et de haut en bas : Thomas Cole, *Vue des environs du village de Catskill*, 1827, San Francisco. Eadweard J. Muybridge, *Cascades dans la vallée de Yosemite*, 1872, Sacramento. John Ford, *Bucking Broadway*.

On pense aux peintres de la *Hudson River School*, qui dès 1830 avec Thomas Cole (1801-1848), partent à l'assaut des espaces de nature vierge [6]. Chez Cole, les personnages apparaissent souvent après un certain temps d'observation, tant ils se fondent dans le paysage.

À Asher Durand (1796-1886), qui reprend certaines poses romantiques, notamment les personnages vus de dos observant un paysage, mais transposé aux vastes étendues du Nouveau Monde. Ou à Albert Bierstadt (1830-1902), qui à la fin des années 1850 se lance vers l'Ouest et le premier représente la vallée de Yosemite. Une célébration qui va de pair avec un réalisme quasi photographique.

Les photographes, justement, sur la lancée des peintres, se jettent à corps perdu dans l'aventure de l'Ouest dès la fin des années 1860 [7]. Carleton Watkins (1829-1916) le premier, dans la vallée de Yosemite, William Jackson (1843-1942) dans le futur parc de Yellowstone, ou bien Timothy O'Sullivan (1840-1882) et un certain Eadweard Muybridge [8] (1830-1904)… Bien que leurs photographies aient des visées purement documentaires, il s'en dégage un sens de la composition à l'effet monumental. Et c'est bien le fond de leur pensée : rendre compte de la monumentalité d'un paysage qui doit se distinguer de la vieille Europe. Attirer par tant de beauté de nouveaux conquérants, en montrant si possible des espaces vierges de tout Indien. Leur dimension patrimoniale est si bien sentie – déjà à ce moment les choses changent très vite et la conquête de l'Ouest n'épargnera pas ces paysages – que les photographies servent la création des parcs nationaux de Yosemite et de Yellowstone.

Ford, par un traitement du paysage qui puise dans ces références picturales, semble conscient à un même degré de l'évolution de son pays, et sent le besoin d'immortaliser les derniers cow-boys. Usant de courtes focales à la profondeur de champ vertigineuse, il parvient à saisir l'immensité des lieux dans le rapport de taille qui s'instaure par exemple entre un cavalier vu à l'avant-plan et les minuscules silhouettes qui galopent à l'arrière-plan. Selon Éric Loné [9], Ford cite explicitement ses inspirations picturales dans *Hell Bent* en 1918 : le film s'ouvre sur un tableau de Frederic Remington (dont l'influence est manifeste dans *Rio Grande* ou *la Prisonnière du désert*) qui dans un fondu enchaîné s'anime pour laisser place au film.

Dans *Bucking Broadway*, tourné fin 1917, et donc postérieur à *Straight Shooting*, la modernité ne passe pas seulement par une actualisation cinématographique du traitement du paysage, mais aussi par une série de motifs, qui renvoient parfois le cow-boy à un personnage archaïque. Quels sont ces signes annonciateurs de changements ? Onze ans avant *l'Aurore* de Murnau, Ford dit l'attirance exercée par l'imaginaire urbain sur une jeune fille de la campagne. L'arrivée du personnage de Thornton, qui l'entraînera pour son malheur en

---

| [6] Voir *la Peinture américaine*, Francesca Castria Marchetti (dir.), Gallimard, 2002. | [7] Voir *l'Aventure de l'Ouest par la photographie*, Florence, Alinari, 2002. | [8] Muybridge synthétise les deux passions de Ford : attention portée à l'immensité des paysages et intérêt pour la rapidité et le mouvement du cheval, que Ford traduit dès *Bucking Broadway* par un cheval encore capable de rattraper un train, puis en instaurant les règles de la course-poursuite dans les westerns. Dans ses travaux sur le mouvement, Muybridge travaille en 1884 avec Thomas Eakins (1844-1916), autre grand peintre réaliste (les tableaux *la Clinique du Dr Gross* ou *la Course des frères Biglin*). | [9] « *Two rode together*, l'association Ford-Carey », in *Positif*, n° 509-510, spécial « Figures du western », juillet-août 2003.

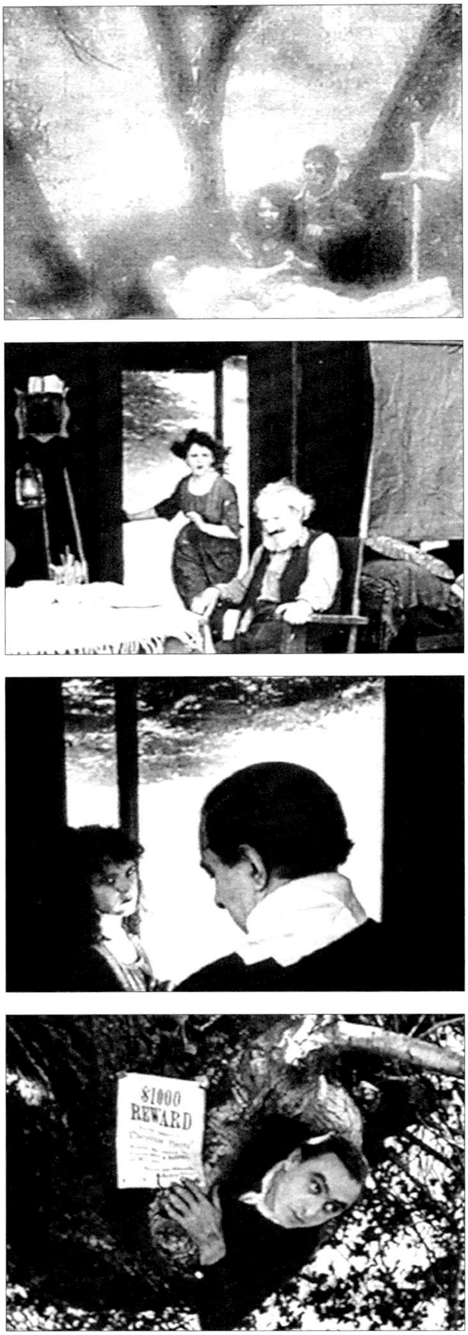

Straight Shooting.

ville, est tout d'abord caractérisée par son moyen de locomotion inhabituel en ce lieu reculé : l'automobile [10]. Même minuscule, aperçue au loin, les cow-boys la remarquent et s'amassent dans l'embrasure d'une porte pour l'observer. Porteur du monde moderne urbain, Thornton possède en fait tous les moyens de transport : il parvient à dompter le cheval fougueux « tueur d'homme » – ce qui lui vaudra l'admiration de la jeune Helen – et, arrivé en voiture, il repart en train. C'est donc par des moyens de locomotion que la ville se rapproche de la campagne en abrégeant les distances. Pour rejoindre et sauver Helen, Cheyenne Harry troque lui aussi son bon vieux cheval contre le rapide *iron horse*, à ce détail prêt qu'il emporte sa selle (car même de fer, il s'agit encore d'un cheval !).

Comment ne pas parler de seuil chez Ford ? Parce que les fameux plans filmés depuis l'intérieur des maisons à travers les portes sont là d'emblée, et parce qu'un seuil sert à être franchi. Aussi le seuil prend parfois la forme d'une barrière. Celle que Helen et Cheyenne enjambent alors qu'il la courtise, et devant laquelle ils se tiennent debout. Celle sur laquelle se sont hissés et assis Thornton et Helen, pour les mêmes raisons, mais un cran au-dessus. Celle enfin qui fait redescendre tout le monde, lors de la bagarre finale sur la terrasse de l'hôtel, quand une barrière s'écroule sous le poids des hommes en train de se battre. Trois étapes d'un franchissement qui disent bien un cheminement, du fond de la prairie jusqu'aux hautes et chic terrasses new-yorkaises pour chuter en fin de parcours dans un bassin, qui ne vaut guère mieux que l'abreuvoir à chevaux où se terminent tant de bagarres de saloon.

Et puis encore, il y a la place des Noirs. Au moment même où Helen se laisse charmer par Thornton « langue-de-serpent »,

Cheyenne tente d'acheter un nouveau costume pour remplacer le sien, élimé et depuis longtemps sûrement passé de mode. Mais il aura la mauvaise surprise à la sortie du magasin de voir un Noir bien mis et fumant le cigare arborant le même costume neuf. Fou de rage, Cheyenne rapporte le costume au marchand. Plus qu'un gag raciste – on sent bien le côté polémique de l'affaire qui pourrait relancer le débat sur la personnalité ambiguë de Ford –, le Noir accède ici à une représentation d'homme civilisé et plein de bonnes manières, à côté duquel Cheyenne fait figure de rustre et de lourdaud, condamné à porter éternellement ses vieilles frusques. On comprend que le personnage du cow-boy, immuable (indécrottable ?), est sur la pente descendante : conservateur par essence – comment son métier pourrait-il évoluer ? – il ne survivra pas aux mutations de la société.

En 1917, la chose n'est pas anodine, l'action des westerns peut être contemporaine de la date du tournage, et c'est le cas des deux films. Ce qui occasionne une des visions les plus troublantes de *Bucking Broadway*, clou du spectacle annoncé dès le titre, bien qu'entrevu de manière fugitive dans un montage alterné : sept cow-boys à cheval descendent Broadway au galop au milieu des automobiles et des tramways ! Une Amérique saisie de schizophrénie, un pays large comme un continent qui tout en joignant les deux bouts – l'Est a définitivement rejoint l'Ouest – accuse un terrible écart, temporel cette fois. Un écart qui se manifestait déjà en 1876 :

Bucking Broadway.

[10] Autre arrivée « spectaculaire » évoquée dans « Le loup et l'agneau » de la série *Cinéastes de notre temps* : « Comment êtes-vous arrivé à Hollywood, monsieur Ford ? » Réponse : « *By train !* »

« Ironie du sort, en 1876, date du centenaire de la fondation des États-Unis, George Armstrong Custer et ses soldats furent vaincus et massacrés à Little Big Horn par des guerriers Sioux et Cheyennes supérieurs en nombre, alors qu'au même moment, à quelques deux cents miles au sud-ouest de Yellowstone, F. J. Haynes ouvrait un studio de photographe pour vendre ses photographies aux touristes. Au début des années 1880, la route de l'Ouest était tracée et la colonisation des territoires commençait [11]. »

En 1917, Ford pratique déjà un autre cinéma que Griffith : il accélère la sortie du film de la théâtralité pour revenir, dans le cadre d'une fiction, à un réalisme quasiment perdu depuis les frères Lumière. Certes Griffith avait depuis longtemps fait sortir la caméra des studios et insufflé au montage la dynamique que l'on sait. Mais Ford, outre le travail sur la lumière et les originalités syntaxiques, agit sur une troisième composante essentielle au réalisme : le jeu d'acteur.

Quand il commence à réaliser des films, Ford n'a que vingt-deux ans. Il déclare que c'est Harry Carey, de seize ans son aîné, qui lui a tout appris du métier. Et leur travail commun ne semble pas négligeable dans l'évolution du jeu d'acteur. Carey travaille depuis des années pour la Biograph Company, la société de production de Griffith. Ford de son côté a été acteur dans les films de son frère Francis. C'est de leurs expériences respectives, qui s'alimentent l'une l'autre, que naît le personnage de Cheyenne Harry, dont l'essence et le jeu reposent sur la simplicité, une certaine rusticité mêlée de fragilité des sentiments. Le personnage s'invente donc à deux : le réalisateur et l'acteur sont aussi les scénaristes (plus tard rejoints par George Hively). Un argument en faveur de la modernité du jeu de Carey : des années plus tard, John Wayne qui débute dans le métier le prend pour modèle (la démarche, le déhanchement, la manière de s'accouder à un mur…). À la fin de *Bucking Broadway*, la bagarre terminée, Cheyenne retrouve Helen, la prend dans ses bras, lance une œillade vers ses camarades hors champ et laisse échapper un sourire mi-goguenard, mi-gêné, noir de fin. Fulgurance photogénique, une expression qui semble presque avoir échappé à l'acteur, on imagine le plan enregistré entre deux prises, comme si Carey riait à une blague d'un membre de l'équipe technique. Le visage est frappé – nous aussi – d'une émotion vécue. Bien que les deux films évoluent dans le registre du mélodrame, le jeu des acteurs est loin de toute emphase, il est au contraire d'une étonnante sobriété.

Au-delà du jeu d'acteur, c'est toute l'esthétique de Ford, pour reprendre une idée de Tag Gallagher, qui en appelle à un lyrisme simple en réaction à l'exaltation épique d'un Griffith [12]. La systématisation des éclairages naturels étonne. Si les extérieurs jour sont éclatants, Ford se révèle capable d'une grande maîtrise des clairs-obscurs en intérieur nuit. Il ne se contente pas de la beauté des lumières naturelles du soleil, il ose l'éclairage à la bougie, dans l'émouvante scène où Cheyenne déclare sa flamme à Helen. Après avoir habitué

| [11] William F. Stapp, « La photographie dans l'Ouest américain 1839-1920 », in *l'Aventure de l'Ouest par la photographie*, *op. cit.*, p. 19-20. | [12] Tag Gallagher, *John Ford, the Man and His Films*, Berkeley, Los Angeles, University of California Press, 1986, p. 22.

Bucking Broadway.

à des plans d'ensemble inondés de lumière et à une vaste profondeur de champ, les deux visages se détachent sur un aplat noir et se fondent dans une nuit d'intimité. Ben Reynolds, opérateur pour Ford entre 1917 et 1919, passera par la suite au service de Stroheim. Plus belle et troublante encore, l'audace visuelle de *Straight Shooting*. L'instant est dramatique, le vieux Sims et sa fille Bessie pleurent leur fils et frère tué par Greenok. L'action se déroule sous un soleil de plomb, la tombe est à l'ombre des arbres. Cheyenne fait son apparition, s'approche de la famille endeuillée. Il a été initialement engagé pour les chasser de chez eux, il va finalement décider de les protéger. Il s'arrête, relève son chapeau qui protégeait ses yeux du soleil. Le plan qui suit montre la vision de Cheyenne brouillée par les larmes. Mais l'invention consiste à ne pas se contenter d'un flou ou d'un filtre [13]. Puisque les yeux ne sont plus protégés du soleil, Ford a recours à une solarisation, cette surexposition maîtrisée qui donne un léger effet de négatif à l'image. Puis Cheyenne s'essuie un œil d'un revers de manche. Alors, est-ce le soleil qui le fait pleurer ? Sûrement pas, mais bel et bien l'image de cette famille vue en quasi négatif, c'est-à-dire le moment où la réalité de ces personnages prend pour lui un autre sens, une prise de conscience qui le fera basculer dans l'autre camp. Les valeurs, plastiques et morales, se sont inversées.

Tous les éléments du film semblent aller du côté de la limpidité et d'une certaine clarté : jeu des acteurs, lumière franche du jour ou de la bougie, profondeur de champ, progression narrative. Jusqu'au montage qui donne au rythme du film une certaine fluidité, qui passe essentiellement par une vitesse des enchaînements à effectuer en images les pensées d'un personnage. Helen, partie en train avec Thornton, comprend déjà son erreur : voilà Cheyenne qui apparaît sur son cheval, un fondu enchaîné en raccord dans l'axe vient même encore le rapprocher de nous – et du cœur de Helen. En fin de film, l'accélération gagne tout : faut-il prévenir Cheyenne, il est dans le décor – c'est-à-dire le plan – d'à côté ; faut-il appeler les cow-boys, ils répondent aussitôt au téléphone. Mais le plan le plus audacieux est aussi le plus trivial, et comme il est monté sur le ton de la blague, on pourrait presque passer à côté de son inventivité. Dans le grand hôtel où il est descendu, selle sous le bras, Cheyenne découvre le chauffage central : le temps d'une vapeur sifflante qui s'échappe d'un radiateur, un serpent à sonnette apparaît sur fond noir à l'écran. Détaché de l'action, un pur plan sonore, véritable hallucination, un *trompe-l'oreille* [14] – on repense à Helen trompée par les paroles enjolivées et malicieuses de Thornton, que Cheyenne n'hésite pas à qualifier de « *snake of a man* ». Ce plan étranger se faufile dans la continuité du montage à l'instar de son contenu, un serpent qui n'a rien à voir – à entendre – avec ce radiateur, une image mentale que Cheyenne rapporte avec lui tout droit de la prairie. Il s'agit littéralement d'un plan délocalisé, mal raccordé, aussi perdu dans cette séquence que Cheyenne à Broadway. Tout l'intérêt du plan réside ici dans son hétérogénéité maximale : plastique, « sonore », narrative.

Avec *Straight Shooting* et *Bucking Broadway*, Ford montre sa totale aisance à penser et construire un récit en images : dire les éléments essentiels autrement que par des intertitres. Parfois, on l'a vu, un plan suffit. Tout est alors question de dosage, de régulation, d'agencement, en somme de montage. Si Ford a laissé la réputation de ne jamais regarder ses rushes ni mettre les pieds en salle de montage, il n'en a pas toujours été ainsi. C'est sans doute pour l'avoir suffisamment exercé dans sa jeunesse qu'il peut plus tard s'en passer. Dans les studios naissants, alors jeune réalisateur, il fallait, comme il l'explique, « mettre la main à la pâte [15] ». Ce qui l'amènera aussi à cette conception originale de montage *dans la caméra*, consistant à tourner dans l'ordre les plans nécessaires, que le monteur n'aura qu'à assembler bout à bout. Quand Ford lance la formule « si je faisais ce plan ils l'utiliseraient [16] », parlant de ses producteurs, on mesure combien il est question d'« économie figurative [17] » dans son cinéma. Une économie qui renvoie éventuellement à l'aspect financier – rarement plus de deux ou trois prises par plan – mais davantage à une retenue, une concision, tout à la fois esthétique, morale et affective. Le plus bel exemple ? Peut-être celui remémoré par Robert Parrish [18] : dans *Drums Along the Mohawk* (*Sur la piste des Mohawks*, 1939), pour tourner la bataille tant attendue par le producteur et qui aurait nécessité trois semaines de tournage, Ford filme en une après-midi un plan-séquence de Henry Fonda narrant cette bataille d'où il a réchappé. Il n'y a pas de petite économie, seulement de grands cinéastes.

Remerciements à Éric Loné.

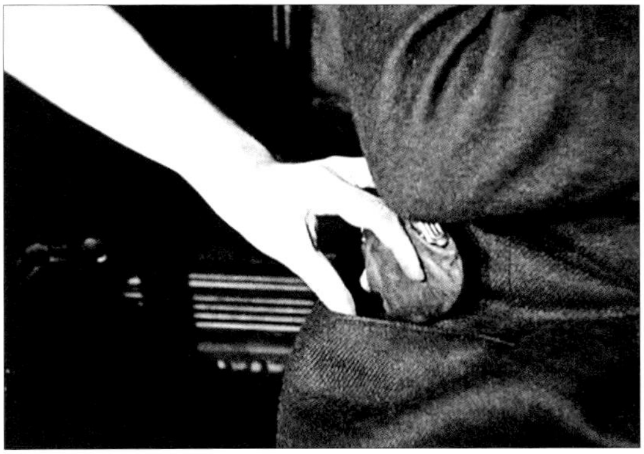

Bucking Broadway.

| [13] Rarement mentionné, ce plan se limite pour Lindsay Anderson à une image qui « se trouble avec beaucoup de subjectivité ». | [14] J'emprunte l'expression au cinéaste canadien Michael Snow. | [15] « Cavalier seul », entretien avec Axel Madsen, mars 1966, *in* Patrice Rollet, Nicolas Saada (dir.), hors-série « John Ford », Cahiers du cinéma, 1990. | [16] *Ibid.* | [17] « Donc, un film s'organise nécessairement – et ceci ne signifie pas délibérément – en une économie figurative qui régit l'ensemble de ces relations (la morphologie de l'image, ses propriétés formelles, le traitement des motifs) et que l'analyse a pour tâche de dégager. », Nicole Brenez, « Cher Tag », *De la figure en général et du corps en particulier. L'invention figurative au cinéma*, Paris, Bruxelles, De Boeck Université, 1998, p. 13. | [18] Robert Parrish, « Témoignage sur John Ford », *Présence du cinéma*, n° 21, mars 1965, p. 19.

Dominique Païni

Les images font toujours penser au cinéma

(Journal, suite...)

7 novembre 2003

Tout dans Fellini s'oppose à rencontrer le cinéma français. Au point que cela en devient intéressant. Aussi intéressant que si Fellini avait au contraire largement et manifestement irrigué l'inspiration des cinéastes français. On pourrait réfléchir sur les deux périodes de Fellini que la tradition cinéphilique oppose souvent, celle encore marquée par le néoréalisme et celle qui suit la rupture constituée par *La dolce vita* en 1960 et *Otto e mezzo* en 1963. La seconde période se constitue à partir de la création d'un univers régi par des lois figuratives inconscientes ou symbolistes. Fellini se laisse aller délibérément à la figuration de ses rêves et à la recréation d'un monde coupé du monde. Mais même la première période, qui aurait pu rencontrer le cinéma français au nom d'un certain réalisme, ne connaît pas à mon sens de point de contact.

Fellini aurait pu croiser Renoir. Au-delà de son attirance italienne (ce qui explique peut-être que Visconti fut son assistant), Renoir entretient des liens esthétiques et moraux avec la représentation théâtrale. On peut considérer que les frontières incertaines qu'il instaure entre la représentation théâtrale et la vie rencontrent la vision fellinienne du monde comme une gigantesque scène, une gigantesque arène, où la vie ordinaire est repoussée par l'exception, où la description est emportée par les fantasmes. Plus question de distinguer chez Fellini l'acte de montrer et celui de raconter, qui me paraissent habituellement bien définir les deux grandes tendances du fait cinématographique. Montrer et raconter fusionnent chez Fellini pour donner un fait cinématographique *supérieur*. C'est bien ce qui différencie Renoir de Fellini. Chez le premier, la distinction entre le spectacle et la vie demeure, et c'est la dialectique les unissant que ses films exposent. Chez Fellini en revanche, un monde intérieur, une scène délirante abolit les passerelles avec la réalité. Sans doute *Roma* joua-t-il pour lui un rôle théorique : *Roma* fait vivre par les moyens du faux documentaire l'engloutissement de la ville dans le rêve fellinien. Rome devient un immense tréteau théâtral – ou une piste de cirque – à l'échelle urbaine, dont les habitants sont les clowns.

Mais pour l'essentiel, le cinéma de Fellini s'accorde mal avec le meilleur du cinéma moderne français, celui de la Nouvelle Vague, très influencé par la pensée d'André Bazin dont les orientations majeures sont marquées par une hypothèse ontologique sur le réalisme photographique. À l'époque d'*India*, Rossellini fit tomber dans les têtes des cinéastes français cette petite phrase qui résonna comme une sentence : « Les choses sont là, pourquoi les manipuler ? » En fait il en disait plus, et s'intéressait particulièrement au montage comme écriture. Mais les cinéastes de la Nouvelle Vague s'attachèrent à cette seule phrase qui, coupée de son propos plus général, les aidait à s'attaquer au cinéma français académique dominant issu de l'avant-guerre, un cinéma de la manipulation. Le cinéma de Fellini, dans les années

1950-1960, se proposa de recomposer un monde pour le filmer, de l'ordonnancer et de le faire habiter par une humanité inventée, et cela dès les débuts de l'œuvre : *Luci del varietà*, *I vitelloni, Il bidone* et *La strada*. On peut considérer ce dernier film comme une corrosion du réel par les effets du cirque. Derrière Anthony Quinn et Giulietta Masina se profilent les clowns à venir.

Pourtant, Fellini avait collaboré avec Rossellini, et l'on pourrait expliquer la passion fellinienne pour le brouillard par la séquence fameuse des marécages de *Paisà*. On connaît désormais l'importance du brouillard « dans les souvenirs » de Fellini plus encore que du brouillard réel. Fellini ne garda finalement que très peu de marques stylistiques de sa collaboration avec Rossellini. Alors que précisément Rossellini fut un inspirateur pour la Nouvelle Vague : Truffaut, bien entendu, Godard, en particulier à l'époque des *Carabiniers* et du *Mépris*, Rohmer et Rivette.

8 novembre 2003

Décidément, je ne trouve pas de noms de cinéastes français qui pourraient être rapprochés de Fellini… Par des voies indirectes et intuitives, je pense à Alain Resnais et à Jean-Luc Godard. Plutôt qu'une influence, il s'agirait d'interrogations voisines en matière de mise en scène. *L'Année dernière à Marienbad* d'Alain Resnais, sa clôture architecturale, sa coupure délibérée d'avec le monde ordinaire, son registre onirique, ses lents travellings et le monde recomposé par l'influence surréaliste, tous ces traits pourraient être rapprochés de Fellini, mais cela reste hypothétique.

En revanche, il y a chez Godard de plus intéressants rapprochements à opérer.

En 1989, Godard dit que Fellini n'a pas innové et qu'il a plutôt suivi Rossellini. Mais il continue aussitôt en affirmant avoir adoré *Amarcord*. Il dit encore : « La fin d'*Il bidone* m'impressionne tellement que je n'ai osé le regarder qu'une seule fois jusqu'à la fin. Fellini c'est la culture qui l'a rendu grand, mais il n'a pas assez souffert [1]. »

Plusieurs années auparavant, Godard n'avait pas caché l'influence qu'avait eue sur lui le dernier plan de *Le notti di Cabiria,* lorsque Masina fixe obstinément la caméra, qu'il compare au dernier plan de *Monika* de Bergman, deux plans finaux qui détermineront le dernier plan d'*À bout de souffle* et le regard de Jean Seberg vers le spectateur [2].

9 novembre 2003

Il y a parfois chez JLG une certaine démesure, une grandiloquence, et justement dans *Passion*, la folie reconstructrice de tableaux vivants, entourés de figurants mystérieux figés autour du plateau de tournage. Le plateau filmé en tant que tel n'est pas sans rappeler certains films de Fellini qui dévoilent le studio comme un abîme baroque, comme si Fellini et

| [1] *Le Nouvel Observateur*, 10 mai 1989, repris dans *JLG par JLG*, tome 2, p 181. | [2] *Cahiers du cinéma* n° 85, juillet 1958, repris dans *JLG par JLG*, tome 1, p. 130.

Godard ne craignaient pas de montrer le « socle » de leur film, tel Brancusi envisageant un jour d'intégrer le socle qui présente la sculpture à la sculpture elle-même.

En outre, on retrouve fréquemment chez Godard une figure de mise en scène commune à Fellini, bien que dans une perspective très différente : le défilé. J'ai déjà remarqué la récurrence de cette figure chez Fellini. Amorcée précocement dès *Lo sceicco bianco*, puis dans les années 1960 avec *La dolce vita*, elle découle d'une observation sans pitié de la télévision et de son influence sur toutes les représentations.

Godard, depuis une critique comparable de la représentation publicitaire et audiovisuelle, a rencontré Fellini sur ce point. Dans *Grandeur et décadence d'un petit commerce de cinéma*, il fait défiler des candidats acteurs devant une caméra, avec un minimum de prestation à accomplir devant celle-ci, et renvoie le métier cinématographique à un travail à la chaîne de type nouveau.

En 1988, Godard accepte une commande du styliste de mode Girbaud : il prend ce prétexte pour réaliser *On s'est tous défilé,* empruntant des images de personnages masqués au peintre vénitien Pietro Longhi (dont Fellini s'est inspiré dans *E la nave va)*, et les mêlant à des images de personnes contemporaines qui marchent les unes derrière les autres dans les rues, ainsi qu'à d'autres images de mannequins qui répètent un défilé de mode.

On pourrait ajouter de nombreux autres plans faits par Godard du monde urbain à l'époque de *Sauve qui peut (la vie)*, qui montrent des passants anonymes marchant, parfois au ralenti, dans la ville. Badauds au regard vague, qui défilent vers nulle part.

Indéniablement, Fellini et Godard se sont rencontrés, probablement sans le savoir, sur cette vision horizontale du monde, sur ce constat d'impossible représentation du monde selon sa profondeur.

Échouer à représenter en profondeur équivaudrait alors à échouer à individualiser des personnages et à inventer des modèles humains susceptibles d'entraîner l'identification et la fascination du spectateur. Le défilé s'opposerait à l'adhésion au sein du spectacle. C'est la raison pour laquelle le monde de la mode privilégie ce dispositif, pour éviter toute forme de projection fascinée du spectateur sur autre chose que le vêtement. Le mannequin qui marche n'existe pas. Il n'est pas reconnaissable en dehors du plateau parce qu'il est non individualisé. Le défilé fait disparaître celui qui défile : c'est également ce qui est à l'œuvre au sein du défilé militaire.

Est-ce un hasard alors, si Fellini et Godard ont renoncé si délibérément et si totalement à la fiction de type aristotélicien, préférant des blocs de récit clos, qui se succèdent, plutôt qu'un fluide enchaînement narratif ? Ni Pasolini, ni Antonioni, ni Rivette, ni *a fortiori* Truffaut ni Rohmer ne renoncèrent aussi nettement au récit classique. Bergman fut au bord d'un tel abandon, et peut-être n'est-ce pas un hasard s'il fut attiré par la perspective d'une collaboration avec Fellini. Mais ce sont Fellini et Godard qui assumèrent aussi clairement une construction poétique et musicale de leurs films, à l'encontre d'une fluide téléologie narrative.

Enfin, l'influence la plus nette de Fellini sur le cinéma français – ou l'emprunt le plus délibéré que ce cinéma fit de lui – est moins intéressante. Dans sa critique d'un film de Norbert Carbonnaux, Godard notait que le réalisateur s'était inspiré d'*Il bidone* [3]. Je me risquerai à avancer que près de cinquante années après Carbonnaux, c'est le pire du cinéma français

Jean-Luc Godard, *Histoire(s) du cinéma.*

qui a récupéré Fellini, et plus particulièrement dans les films récents de Jean-Pierre Jeunet et Marc Caro. Il y a eu indéniablement un malheureux effet *Amarcord*. En d'autres termes, une perversion du film de Fellini pour transformer ce dernier en un style caricaturalement nostalgique, un style qui dit « Je me souviens » à la manière de l'expression « *amarcord* ».

Pittoresque et grotesque, évocation « poétique » du brouillard de la mémoire, répartition des personnages selon un inventaire de monstres : les gros, les idiots, les obsédés sexuels, les filles bien roulées, les énervés anticléricaux, les commerçants inquiétants, les pucelles imbéciles et boutonneuses, etc., autant de personnages grossiers qui habitent l'univers du film de Jeunet et Caro *Delicatessen*, et plus tard celui d'*Amélie Poulain*, après avoir été les méchantes et attendrissantes caricatures felliniennes.

Fellini est *récupéré* par ce cinéma surdéterminé par la bande dessinée, un cinéma *dessiné* selon des principes de la surcharge et de la difformité, dans lequel le réel est recomposé sous la dictature du *storyboard*. Un cinéma de la déformation rigolarde, mais finalement de l'excès assez convenable. Un cinéma du défilé également, un défilé de trognes dont l'ensemble appartient à la stylisation de la bande dessinée et du clip publicitaire grimaçant, plutôt qu'à la stylisation complexe et ourlée de Fellini, stylisation issue du théâtre de rue, de la *commedia dell'arte*, de l'agitation des *campielli* [4] et du cirque. La récupération déformée de Fellini est repérable dans la version franchouillarde de Giulietta Masina : le personnage stéréotypé d'Amélie Poulain interprété par Audrey Tautou.

Jusqu'à la musique de *Delicatessen*, particulièrement dans le dernier plan sur des toits d'un Paris de studio, imitant le style de Nino Rota sur des images à la René Clair.

| [3] *Cahiers du cinéma*, n° 70, avril 1957, repris dans *JLG par JLG* tome I, p. 98. | [4] Petites places de Venise.

22 novembre 2003

En regardant les images de Caro et Jeunet au début de ce mois, j'ai été frappé par l'usage permanent que ce genre de films fait des escaliers. Comme si le spectacle monumental de tout escalier dispensait de tout effort de mise en scène. En effet, un escalier filmé peut être inquiétant, hallucinant. Il peut se fondre au contraire dans l'écriture spatiale d'un cinéaste chorégraphe. Il a favorisé souvent la virtuosité de la mise en scène – Fred Astaire et sa légendaire descente dans *Top Hat* (1935) ou *Swing Time* (1936) – ou offert une descente vertigineuse à une blonde préférée (*Les hommes préfèrent les blondes*, Howard Hawks, 1953). L'escalier est nécessaire aux élévations de l'âme et aux turpitudes infernales dont les cinéastes avides du bien et du mal tirent des profits mélodramatiques et fantastiques. L'escalier a servi indistinctement toutes les causes, primitives, classiques, académiques et modernes. Méliès rejoignit ainsi les espaces intersidéraux, Siodmak reconstitua mentalement le processus criminel de son *Suspect* (1944), Renoir structura socialement et sentimentalement sa *Règle du jeu* dans un château de Sologne (1939), Eisenstein avant Odessa (*Potemkine*, 1925) cadra en des plongées abyssales la répression d'une *Grève* (1924), Hitchcock fit monter les degrés de *Soupçons* (1941) par Joan Fontaine à la rencontre de Cary Grant, Rossellini et Tanner parcoururent les rampes éblouissantes de soleil de villes immaculées (*Stromboli*, 1949, *Dans la ville blanche*, 1982). Je laisse dévaler les titres dans ma tête... C'est ainsi parfois que se construit une programmation. Dans le cas présent, je ne suis pas persuadé que l'escalier soit un thème particulièrement passionnant. Mais l'exercice me plaît : comme l'exercice physique favorable que procure cet élément premier de l'architecture, je m'amuse à *programmer* pour rien...

L'escalier est propice aux violences, aux apparitions, aux déclarations grandiloquentes. Il est fréquemment l'arme de crimes camouflés en accident, mais il est tout autant le site responsable de chutes fatales et un broyeur de destinées. Induisant ou obligeant le mouvement, il EST mouvement, énergie positive et négative selon qu'on le monte ou qu'on le descend. Il est donc langage, un « agencement » deleuzien, machinique et énonciatif [5].

Dans son *Dracula* (1931), Tod Browning a illustré en quelques minutes ultimes cette alternance du sens. À l'intérieur d'un décor piranésien, le jeune héros et un professeur expert en vampirisme tentent de retenir à la vie la fiancée emportée dans des profondeurs sépulcrales. L'escalier immense engloutit irrémédiablement les héros vers l'épouvante de la mort vivante. Le pieu planté dans le cœur du vampire libère l'âme de la jeune fille envoûtée, qui remonte les degrés infinis de l'escalier enlacée par son fiancé, auréolée par la lueur libératrice du jour. Un autre escalier est ainsi la rampe d'un voyage au bout de la vie, celui que découvre l'architecte du *Tigre du Bengale* (1958) et qui s'enfonce dans les comparables profondeurs d'un château. Conduit par la musique qui rythme la danse serpentine de Debra Paget, il accède aux ultimes marches, celles que remontent les lépreux isolés du monde. La lèpre est chez Lang l'équivalent de la peste du vampire que retiennent, dans les deux cas, les entrailles de la terre. Les sous-hommes furent en d'autres temps l'obsession du cinéaste de *Metropolis* (1927) dont les escaliers nourrissaient la bouche gigantesque de Moloch.

Fritz Lang, admiré par Jean-Luc Godard dans la maison-escalier construite à Capri pour Malaparte, vénéré comme un poète qui conjugue dans les temps modernes Homère et

Hölderlin… La caméra langoureuse de Raoul Coutard suit la méditation le long d'une descente rocheuse escarpée vers la mer, berceau des dieux. Au terme de cette chute mythologique, l'écran scope découvre le bloc rouge de la maison qui s'allie au bleu du ciel et au jaune du peignoir qui habille la Bardot. Prolongeant l'escalier gigantesque, la terrasse se calque sur la ligne de l'horizon, évoquant la montée vers les temples romains que Cinecittà reconstitua à l'envi. Si la montée de cet escalier entraîne vers la reconstitution solennelle du voyage d'Ulysse selon Lang, sa descente en revanche est l'occasion d'une lamentable scène de ménage qui rappelle le couple rossellinien d'un voyage en Italie antérieur, l'escalier devenu chez Godard le théâtre conjugal au temps du *Mépris* (1963).

Est-ce un hasard si Godard admira également Ophuls dont la *Madame de...* (1953) perd l'estime de son amant en multipliant les mensonges ? Ophuls a installé dans les décors de son film un escalier aussi minuscule que celui de Godard est monumental. Métallique, étroit et spiralé, comme les maisons urbaines de la fin du XIXe siècle savaient en glisser dans des immeubles qui n'étaient pas encore haussmanniens. Dans le film d'Ophuls, il est le passage obligatoire et rituel par lequel les légendaires boucles d'oreilles retrouvent le bureau du fidèle bijoutier interprété obséquieusement par Jean Debucourt, au gré des désirs et du cynisme des propriétaires successifs. Cet escalier est la figuration du mensonge qui s'attache au bijou doté de facettes innombrables : à l'instar de la culpabilisante torsion du corps à laquelle contraint l'ascension exiguë et malaisée de cette hélice domestique, le mensonge précipite l'âme dans des circonvolutions infinies. Le cinéma n'a peut-être jamais atteint une telle équivalence entre un élément d'architecture et la confusion des sentiments.

Si l'escalier d'Ophuls est impuissant à engendrer la culpabilité de Danielle Darrieux, Ingrid Bergman est en revanche soumise par Rossellini (*Europe 51*) à une quête rédemptrice à cause d'un accident d'escalier. En 1951, la bourgeoisie européenne disserte sur les atouts et les risques de la reconstruction sociale et économique. La futilité de la vie bourgeoise rend indifférente Ingrid Bergman au sort du monde comme au sort de son fils qui tombe, délaissé affectivement dans cet escalier immaculé, symbole d'une modernité architecturale épurée et somptueuse. Cet enfant chute comme son frère d'*Allemagne année zéro*. Entre les deux films : l'Europe s'est en effet reconstruite, mais les escaliers n'ont résolu ni la solitude ni l'égoïsme.

23 novembre 2003

Je me disais hier soir que l'escalier était un thème assez intéressant à étudier. C'est le signe évident de la conquête, quel que soit le sens dans lequel il est gravi. Les empereurs et les impératrices d'Eisenstein et de Sternberg (*Ivan le Terrible*, 1945, *l'Impératrice rouge*,1934), les amants de Murnau dans *l'Aurore* (1926), échappent à toute pesanteur.

Les divinités descendent vers la pauvre humanité hébétée (*Lola Montès*, 1955) ou attendent leurs adorateurs sur des trônes inaccessibles (*Cléopâtre*, 1963). Mais qu'ils soient

[5] Gilles Deleuze, Félix Guattari, *Mille plateaux*, Paris, Minuit, 1980, p. 625.

Fritz Lang,
Der Tiger von Eschnapur.

Page ci-contre :
Tod Browning, *Dracula*.
Max Ophuls, *Madame de…*.
Alfred Hitchcock, *Number Seventeen*.
Luis Buñuel, *El*.

montés ou descendus les escaliers sont les parcours du pouvoir. C'est probablement la raison pour laquelle Buñuel en fait un usage si abondant avec *El* (1952), dans l'appartement de cet homme à la respectabilité affichée, mais dont la jalousie est scénographiée par l'immense escalier central qui se divise en deux rampes. C'est le passage obligé vers la chambre de la femme traquée, passage qui accentue la démence du fauve suspicieux. On ne peut imaginer l'espace de Francisco aspiré par l'emportement de la paranoïa et du fétichisme sans cette volute scalaire, symbole à la fois de la réussite bourgeoise et de la monstruosité. L'appartement ressemble à une *anthropomorphie* peinte par Dalí, volume immobilier doté de visagéité, un visage cornu que suggèrent les deux rampes qui s'échappent vers les étapes supérieures. Buñuel préfigura le vertige hitchcockien : l'ascension d'un clocher accélère la folie du mari jaloux. Les clochers sont d'ailleurs des architectures favorables à l'érotisme buñuelien. C'est au cours d'une autre ascension qu'échappera du bas noir l'éblouissante blancheur de la cuisse de Tristana. Il est probable en effet que Hitchcock a vu et emprunté mentalement l'escalier de *El* pour son *Vertigo*.

L'œuvre entier de Hitchcock est marquée par des escaliers interminables et cauchemardesques. En premier lieu parce que l'intention criminelle y trouve idéalement son accomplissement. En second lieu, parce que tout le cinéma de Hitchcock est hanté par la chute. Il faudrait citer tous les films : *Number Seventeen* et ses extraordinaires quinze premières minutes tournées dans un escalier propice aux apparitions macabres et aux projections d'ombres dont Dreyer et Murnau furent sans doute les inspirateurs. *Saboteur*, *Rebecca*, *Suspicion*, *Psycho* évidemment.

Arbitrairement je décide de m'arrêter là. Mais je songe que la pellicule cinématographique et ses photogrammes qui dévalent dans le projecteur dans les deux sens évoquent l'escalier. Il invite à une chorégraphie répétitive. Fernand Léger filma dans son *Ballet mécanique* (1923) une femme et ses paquets qui monte indéfiniment un escalier urbain. L'escalier serait-il l'élément architectural qui offrirait du cinéma la plus exemplaire métaphore ?

10 décembre 2003

Est-ce la lassitude d'avoir trop vu de films ou est-ce la moindre disponibilité, la moindre capacité d'accueil enthousiaste, qui me donnent ce sentiment diffus que le cinéma offre désormais un nombre restreint d'œuvres fortes ?

Les cinéastes tels qu'Almodovar ou Kiarostami proposent pourtant de très remarquables morceaux d'écriture visuelle et d'originales intensités dramatiques. Mais est-ce les réduire, par rapport à Bergman ou Antonioni par exemple, que de ne pouvoir oublier en voyant et en analysant leurs films la discrète ou parfois explicite affirmation des préférences sexuelles du premier et le caractère exotique de la résistance du second ? Comme s'il fallait ne jamais oublier aujourd'hui les origines, les identités sexuelles ou culturelles, pour fixer l'aune à laquelle les films doivent se mesurer désormais. Oui, indéniablement Almodovar et Kiarostami atteignent à l'universel, mais les sujets des films de ces deux maîtres contemporains résident précisément, et pour une part considérable, dans ce processus qui va d'une composante biographique propre à l'auteur, et implicitement intériorisée par le spectateur (d'où la notion d'auteur aujourd'hui tant hypertrophiée : tout le monde l'est), à une ambition universelle.

Je ne me souviens pas que Bergman ait été évalué en son temps – à l'époque de sa production la plus soutenue, soit les années 1960 – à travers un insistant prisme suédois. Bien qu'il faille reconnaître aujourd'hui que, commercialement, le soufre sensuel et les audaces corporelles qui s'associaient aux pays scandinaves compensèrent à l'époque la gravité et l'abstraction du cinéaste de *Monika* et de *Persona*.

Autre exemple : Pasolini fut associé au réalisme italien, puis ultérieurement à des excès théâtraux et picturaux. Mais l'Italie s'oubliait vite lors des premières visions d'*Accattone*, même si le bidonville du film ne pouvait qu'être italien. *Il vangelo secondo Matteo*, *Mamma Roma* ou *Uccellacci e uccellini* formèrent immédiatement une œuvre dont le décor d'Italie et l'érotisme homosexuel de Pasolini ne constituèrent pas, d'emblée et seulement, les critères de leur évaluation critique, ni ceux de leur appréciation publique.

Je me souviens que Pasolini définissait lui-même son enjeu esthétique et moral, dans le film que Jean-André Fieschi lui consacra, comme relevant de « l'apparition sacrale ». Un cinéma fondé sur un principe d'apparition sacrale : c'était en effet la raison de notre stupeur. Alors, il est vrai que la culture italienne, divisée et unifiée à la fois, depuis cette double dévotion, religieuse et réaliste, justifia Pasolini au-delà du pittoresque italien et de la marginalité sexuelle. Dans les années 1960, si nous atteignions pourtant à des références plus bio-géo-culturelles, ce n'était qu'au terme d'une analyse profonde de l'œuvre qui avait épuisé d'autres entrées esthétiques et philosophiques plus larges.

Quand le goût de cinéma connut-il cette mutation ? Quand les films furent-ils évalués *relativement* à l'intimité existentielle de leurs auteurs ? Quand des traits intimes de la biographie participèrent-ils à conférer un statut d'auteur ?

En outre, les auteurs du cinéma contemporain pâtiraient-ils du fait qu'ils sont seuls, généralement non associés à un courant ou à un groupe ? Les mouvements artistiques sont terminés semble-t-il une fois pour toutes. La Nouvelle Vague fut probablement au XXe siècle le dernier mouvement artistique dont les membres eurent une claire conscience de leur fédération. Même s'ils insistent fréquemment sur leurs différences, Godard, Rivette, Rohmer ou Chabrol se souviennent aujourd'hui encore, et l'assument, de cet élan incarné par une revue, les *Cahiers du cinéma*, qui les unifia et les constitua. Le phénomène des mouvements artistiques contribua au XXe siècle à conjuguer l'affirmation de puissantes personnalités et simultanément à émousser ce qui biographiquement pouvait relativiser, sinon réduire, la motivation et la justification des œuvres (en l'occurrence les œuvres de cinéma qui seules me préoccupent ici). C'est probablement le risque qu'encourut Cocteau en n'ayant pas suivi dans les années 1920 un mouvement d'avant-garde. Son œuvre fut souvent référée à la drogue et à l'homosexualité. Heureusement, c'est quasi *a posteriori* qu'en s'emparant de Cocteau, les cinéastes regroupés par la Nouvelle Vague lui donnèrent une dernière chance d'échapper au relativisme biographique et sexuel. Si l'exposition consacrée à Cocteau n'atteint que cet enjeu, ce ne serait déjà pas si mal. L'identification sexuelle et géo-culturelle me paraît aujourd'hui de nature régressive.

5 janvier 2004

Il y a un mois environ, je revenais sur Cocteau. Il me suivra encore quelques mois. Je me demande encore pourquoi Cocteau est moins prisé dans les musées et à l'université que Duchamp ou Artaud. Sans doute parce qu'il est étranger aux limites expérimentées par ces deux parangons de la modernité muséale et de la philosophie contemporaine de l'art. Cocteau fut étranger à toute expérience des limites, étranger aux « extrémités du possible » (Bataille), sauf précisément ce qui semble ne pas être tout à fait de l'ordre de l'excès : le *trop*. Cette raison conjuguée avec l'excès m'a toujours intéressé : c'est peut-être la définition du trop, comme la vitesse fut pour Cocteau le ralenti de l'instantanéité.

Duchamp s'effaça et transforma l'indifférence esthétique en une esthétique. Artaud fut cet écrivain qui avait envie d'écrire et souffrait de ne pas pouvoir le faire, qui hurla son expropriation. Duchamp aussi fut exproprié, réellement, lors du refus de sa *Fontaine* par la Society for Independent Artists. Cocteau écrivit facilement, comme une... fontaine, se dispersa en tout plutôt que de s'effacer dans une mise en scène du rien. Sa dispersion et sa disponibilité furent suspectes face à la concentration et à l'enfermement, marques du génie fréquemment attachées à Duchamp et Artaud.

Après le décrochage de l'exposition Cocteau, je me suis souvenu d'une expression que j'avais employée à son propos l'année dernière pour tenter d'en dire le projet singulier. Les détracteurs de l'exposition n'ont d'ailleurs pas perçu le prétexte que Cocteau constitua. Le sujet de celle-ci était-il bien « la vie et l'œuvre du poète », ou s'agissait-il plutôt de profiter de l'agilité des passages de Cocteau entre les arts pour parler des mêmes frontières contemporaines abolies ? Je me suis donc souvenu d'avoir insisté sur la formule : « exposition faite de *matériaux* de cinéma », continuée par : « exposition EN cinéma », au sens de fabriquer en cinéma, comme on dit fabriquer en fer ou en bois...

Si beaucoup continuent de confondre technique et forme, encore plus nombreux sont ceux qui confondent matériel(s) et matériau(x) de cinéma. Les deux confusions ont sans doute quelque parenté, et cela n'est pas sans conséquence sur l'évaluation de ce qui s'expose du cinéma, sur le choix de ce qui s'expose en cinéma.

Le matériel du cinéma est constitué de cet ensemble d'objets, autrement dit d'outils, qui sont les prothèses techniques des fabricants de films : caméras, rails et chariots de travelling, projecteurs, etc. Tout cet ensemble mécanique, optique, lumineux, et désormais numérique, *réalise* les films ; il faut y ajouter les scénarios, les affiches, les photos, soit les restes des films qui donnent parfois le sentiment qu'ils sont les *matériaux* exposables du cinéma. Or, les matériaux qui définissent la nature d'une exposition de cinéma sont paradoxalement beaucoup moins matériels : ce sont l'enchaînement des salles – la circulation et les variations lumineuses –, la surimpression des extraits des films projetés et *accrochés* dans la profondeur de l'espace, les contrastes des différentes brillances ou luminescences de ces extraits – leur vitesse ou leurs saccades de projection, la longueur de leurs boucles, leur rapprochement enfin, c'est-à-dire leur montage dans l'espace et dans le champ visuel du visiteur. Est-ce à dire, au fond, que faire une exposition en cinéma c'est un peu comme faire un film ? Non, ce n'est qu'une *dé-monstration*.

5 juin 2004

C'est la découverte de créations contemporaines qui donne lieu à la reprise de ma discipline d'écriture. Et plus particulièrement, les débats trop généraux qui entourent ce qu'il est convenu de nommer « le numérique ». Pourquoi ne pas parler plutôt des effets que certains films réalisés ainsi produisent sur nous ?

Les possibilités accrues de concevoir des films grâce aux techniques numériques dans le laboratoire domestique de l'appartement (un ordinateur avec son logiciel de montage est désormais à la portée de chacun) font apparaître des œuvres à l'ambition idéologique et politique nouvelle. L'autonomie de filmage et l'hypersensibilité à la lumière du matériel numérique permettent d'offrir des films dont l'ambition se réalise dans leur écriture formelle.

Quelques travaux récents m'ont conduit à m'interroger sur la relation entre esthétique et politique. Depuis près de trente années (!) je ne m'en étais guère soucié... Dois-je l'avouer ? Les années 1970 ont rassasié ma génération sur cette question. Mais la possibilité de faire des films plus intimement donne peut-être lieu, de manière inattendue, à repenser la relation entre interprétation et parti pris documentaire. Autrement dit ce qu'Adorno désigne comme la divergence entre le construit et le mimétique dont – dit-il dans sa *Théorie esthétique* – « aucune œuvre d'art ne s'accommode vraiment, péché originel de l'esprit critique ».

C'est une question vive à l'heure où le documentaire de Michael Moore remporte une distinction suprême dans un festival de films de fiction (au point qu'il fallut une conférence de presse pour justifier honteusement ce choix). Nous voici donc soumis d'une part à la télévision planétaire, jusque dans sa version bien-pensante, autrement dit *démocratique*, attachée précisément à une démocratie de modèle américain, qui retrouve une vertu dans l'exhibition de ses vices. Ancien cliché que celui de présenter le cinéma américain comme étant plus courageux qu'aucun autre à l'égard des tares de la société qu'il refléta.

Soumis d'autre part à l'art pour l'art, celui du marché et du musée. Cet autre terme ne fait guère le poids.

Une troisième voie doit être bien étroite !

En Occident, depuis les années 1930 et les dernières avant-gardes historiques, l'organisation du sensible ne relève plus d'une lutte. L'art vidéo contemporain, supposé une des pointes avancées de l'avant-garde d'aujourd'hui, est pour sa majeure part ultra-formaliste et publicitaire. Mais j'ai vu ce printemps un film tourné et diffusé en vidéo numérique qui est au cœur de ces questions et tente d'y répondre : *Cap Esterel* d'Antoine Page, court métrage assez froid, familier et inquiétant.

Ce film révèle un regard qui excède la seule description sans cesser pourtant d'en être prioritairement une, et implacable. Il instaure d'emblée une distance critique entre l'objet regardé et le sujet regardant. Quelque chose se joue entre description du monde et organisation du sensible, entre froideur descriptive et « point de vue documenté », selon la formule de Jean Vigo. Quelque chose de l'ordre d'un supplément (ou d'un reste critique) émane mystérieusement d'un silence dû à la suppression de tout commentaire. Dès les premières images, une mise à distance irrémédiable s'instaure entre le spectateur et le réel, entre les images et leur auteur. Nous sommes invités à une troublante expérience de reconnaissance et de refus.

À propos d'*Hôtel des Invalides*, Noël Burch en soulignait l'« ambiguïté foncière ». Il avançait le « caractère méditatif » des documentaires de Franju, « films réversibles » selon lui, « de véritables films-en-forme-d'essais, un cinéma à idées ». Burch opposait leur caractère méditatif au caractère « rituel » du cinéma expérimental de Man Ray et de Hans Richter, de Maya Deren et de Kenneth Anger : « Dans le cinéma de méditation pure, le sujet fournit la base d'une construction intellectuelle susceptible de devenir forme et même facture, sans pour autant qu'elle soit édulcorée, ni altérée [6]. » Le film d'Antoine Page relève selon moi de ce caractère méditatif.

Cap Esterel est une description impitoyable d'un village de vacances, un point de vue synthétique sur un monde nouveau qui mime l'ancien ; le caractère dérisoire de ce genre de continent factice dévolu aux loisirs, volontairement abstrait du temps et de l'espace, émerge ici avec une force singulière. Partout, au cours du film, ça mime : l'architecture du pseudo-village mime l'ancien, emprunte au pittoresque provençal ses formes les plus surannées ; de même, le golf verdoyant, les lauriers en fleur assurent l'illusion de la présence d'un peu de nature. L'organisation du film, en trois moments distincts, mime elle-même l'organisation du jour – matin, midi et soir – sans pour autant recourir aux clichés du lever et du coucher du soleil. La vie du village apparaît ici comme une reconstruction entièrement fausse de la *vraie vie*, illusoirement proche de la nature et de la tradition, illusoirement fidèle au rythme du monde.

Dès la première partie, l'arrivée des estivants, c'est l'impression de vacuité absolue qui domine. Tout est ici impersonnel, vide de sens et de volonté. Quelques mouvements captés par la caméra, montés en réponse à de très nombreux plans sur l'immobilité des bâtiments, accentuent l'impression d'une solitude figée. La séquence qui clôt cette partie n'échappe pas au sentiment de vide : une foule se baigne, entraînée en cadence par le ressac d'une vague artificiellement recréée en piscine ; plan pris d'assez loin pour décourager toute tentative d'individuation des estivants, foule bercée par un plaisir mécanique et ridicule. Seule l'eau limpide de la vague est visible, et non le bord de ce qui n'est qu'une piscine. La vague artificielle représentée à l'écran semble ici correspondre à une vague cathodique, comme si l'événement enregistré exprimait le phénomène électronique qui le restitue. Les personnages, grains anonymes, n'existent plus que comme points de couleur modifiant à peine la surface mouvante et irisée de l'écran.

Après ce premier moment de découverte, *Cap Esterel* donne une vision fugitivement polémique de la torpeur estivale : quelques plans montrent l'envers du décor idyllique, le défilé discret de ceux qui recueillent les poubelles et se chargent de l'entretien du village. Mais le film ne s'appesantit pas sur ce bref passage qui aurait pu verser dans l'inévitable

---

[6] Noël Burch, *Praxis du cinéma*, Paris, Gallimard, 1969, p. 232-233.

Antoine Page, *Cap Esterel.*

« correction politique ». Page revient au contraire au filmage anonyme : cadrés à mi-corps, des corps sans tête s'agitent, dans un espace de pulvérulence humaine oppressant ; le travail sur le grain de l'image vidéo souligne l'impression grégaire.

Le troisième et dernier moment s'ouvre sur la danse des vacanciers captée au ralenti. La suppression délibérée de la musique donne l'impression d'une pantomime absurde : des corps sans visage se trémoussent dans le silence. Enfin, la mélancolie submerge l'ultime séquence, long et rapide travelling le long de la plage : le lyrisme du *Requiem* de Mozart crée un fort contraste avec la vulgarité triste du front de mer et l'inélégance crasseuse des estivants, entre baraques de plage et ballons en plastique. La caméra semble fuir, le mouvement précipité de son échappée empêche l'établissement de tout point de vue, marquant le caractère tragiquement insaisissable de la vacance.

Le film paraît se dérouler comme un inventaire, une accumulation des clichés traditionnellement associés aux vacances : palmiers, glacières et bermudas… Comme chez le Wenders de la première et bonne époque ou aujourd'hui dans les glaciales vues photographiques de Gursky, Thomas Struth ou Bustamante, la modernité de *Cap Esterel* se réalise dans la banalité, dans une familiarité distante, dans un parti pris exigeant de description. Ce qui passe ici par une décomposition proprement cubiste : les images estivales sont ravalées au rang de signes hors du temps et de l'espace.

Antoine Page n'est pas le premier à filmer l'absurde de l'organisation sociale des vacances. Devant *Cap Esterel*, on songe au Jacques Tati de *Mon Oncle* ou des *Vacances de M. Hulot*, à sa dénonciation virulente et souriante d'une modernité factice. Mais les premiers films de Tati admettaient la possibilité d'une identification dans une confortable connivence du rire. Le spectateur de *Cap Esterel* est livré à lui-même, désarmé devant les images. L'identification est ici impossible : comment une caméra de surveillance pourrait-elle créer une quelconque empathie ?

De cette absence d'un humour nostalgique qui pourrait être rassérénant naît un sentiment d'oppression croissant ; il n'y a pas d'*avant* ou d'*ailleurs* à partir desquels juger *Cap Esterel* car le village de vacances est précisément décrit comme le lieu de cet *ailleurs* et de cet *avant*, symbole de la *vraie vie* loin de la folie du monde contemporain. Choisissant délibérément de s'effacer derrière une image crue, Page donne une vision effarante du village qui apparaît comme un univers concentrationnaire. Une séquence est ici significative : à la fin de la première partie du film, la caméra, à la manière d'une surveillance vidéo, filme les *check-points*, ces barrières qui closent le village et en autorisent sélectivement l'entrée. Le plan se démultiplie soudain indéfiniment sur l'écran devenu mosaïque et le drapeau publicitaire de la société *Pierre & Vacances,* en apparence inoffensif, prend un sens clairement guerrier. Dénué de tout discours idéologique manifeste, *Cap Esterel* revendique pourtant un point de vue politique même si celui-ci est incertain, flou comme on le dit de la prise de vues.

L'image numérique a connu au cours de ces dernières années un développement et une diffusion extrêmement rapides ; la caméra numérique permet de capter la réalité d'une manière nouvelle. Par rapport à la pellicule argentique, le numérique permet un déferlement hémorragique d'images qui trouble les codes de représentation traditionnels établis par le montage cinématographique. La caméra est le plus souvent tenue à la main, la facilité de ses réglages techniques permet fréquemment de réunir deux moments jusqu'alors distincts, le filmage et le montage : on tourne parfois au plus près du montage définitif du film. La durée dilatée des plans numériques s'est substituée dans une certaine mesure à la fragmentation articulée des plans cinématographiques.

C'est au tournage que l'on décèle dans *Cap Esterel* le travail de construction du sens. Les images font toujours penser au cinéma : le film est fait de plans fixes, le cadrage est très précis, la caméra souvent sur pied. S'il utilise certaines options techniques de la caméra numérique, telle la pulvérisation de l'image (comme au travers de l'œil d'une mouche), Antoine Page ne cherche pas moins à satisfaire l'ambition et l'exigence propres au meilleur cinéma documentaire : devant la réalité, il érige un balcon critique susceptible de faire émerger un sens et inscrire une synthèse au cœur du déroulement des images. On peut percevoir dans *Cap Esterel* le témoignage d'un mouvement nouveau, à la croisée des chemins entre la tradition documentaire et la plasticité vidéographique, une *plasticité documentaire.*

Me frappe qu'un tel film soit entouré d'une « atmosphère théorique » (une expression d'Arthur Danto), conséquence d'une sorte de distance inédite qui émousse l'indignation ou une quelconque colère idéologique chez le spectateur. Il s'agit bien d'une *distance numérique*.

Plus encore que le caractère « énigmatique » de l'art dont parle Adorno, c'est une perplexité du regard de l'artiste que restitue plus aisément le numérique par rapport à la pellicule argentique, la relance d'un certain « antonionisme » perdu, le retour d'une « atmosphère théorique » antérieure fait de ce relâchement sensorimoteur qui marqua le moderne cinématographique des années 1960.

Pour citer encore Adorno : « Plus les œuvres sont maîtrisées méthodiquement, plus le caractère énigmatique gagne en relief. Par la forme, elles deviennent semblables au langage et semblent en chacune de leurs composantes ne dire qu'une chose précise qui pourtant nous échappe [7]. » Ce qui autorise Adorno à remarquer que « l'ambition politique d'une œuvre d'art est contredite par son caractère énigmatique. » Mais c'est bien cette incertitude, « ce rébus que les œuvres d'art réalisent avec plus de sérieux que les jeux », dit toujours Adorno, c'est bien cette perplexité qui fait le prix de ce petit film très maîtrisé, où je pressens l'exemplarité d'une lutte esthétique à venir pour filmer autrement le politique. Et, inexplicablement, j'ai retrouvé à cette occasion les belles pages d'Adorno consacrées à la relation entre le caractère énigmatique d'une œuvre d'art et son contenu de vérité.

[7] Theodor W. Adorno, *Théorie esthétique*, page 172.

Bérénice Reynaud | Pour *Wanda*

1

Tourné en style cinéma-vérité, sur une pellicule 16 mm granuleuse, *Wanda* de Barbara Loden (1970) raconte l'association improbable entre une femme de mineur de Pennsylvanie (interprétée par la cinéaste) plaquée par son mari et par les hommes qu'elle rencontre au cours de sa dérive, et un petit malfrat raté (Michael Higgins), qui la persuade de participer avec lui au casse d'une banque. Le film reçut le prix de la critique à Venise en 1970, sortit en 1971 dans une salle de New York, Cinema III, et ne fut jamais distribué dans le reste des États-Unis [1]. Dix ans plus tard, *Wanda* était « déjà tombé dans l'oubli aux États-Unis », mais « très admiré en Europe [2] ». Loden est morte du cancer le 5 septembre 1980.

Il n'y aurait donc pas d'autre film de Barbara Loden. Le scandale tragique n'était pas seulement qu'une artiste douée soit morte trop tôt (elle avait quarante-huit ans), mais qu'une carrière si prometteuse ait été réduite au silence. En fait, *Wanda* fut « un triomphe critique », mais seulement dans les journaux new-yorkais, et parfois avec une certaine réserve. Dans le *New York Times* (25 avril 1971), Marion Meade, tout en faisant l'éloge de ce « remarquable développement [qui nous donne] un nouveau point de vue sur la réalité de l'existence et des sentiments féminins », semble mal à l'aise devant le « message » qu'elle lit dans *Wanda* : « Mais maintenant Barbara Loden arrive au point crucial, qui est : où va-t-on après avoir rejeté la seule vie tolérée par la société ? Et une fois qu'une femme conquiert sa liberté, que peut-elle en faire ? La réponse : nulle part et rien. »

La voix de Loden semblait condamnée à être effacée de l'histoire. La rencontre entre *Wanda* et la critique « sérieuse » ne s'est pas produite, du moins aux États-Unis. Comme John Cassavetes ou Robert Kramer, Barbara Loden était plus appréciée en Europe, ce que Ray Carney attribue à « la tradition critique américaine [...] qui tient pour acquis que l'art est essentiellement une entreprise faustienne, un étalage de pouvoir, de contrôle et de compréhension [3] ».

Avec la mutation de Hollywood dans les années 1970 et la disparition virtuelle des séries B, un cinéma « non virtuose », un cinéma de l'imperfection, était plus ou moins renvoyé aux marges et, tandis que le cinéma dominant continuait d'explorer les dessous de l'expérience américaine, son approche changeait aussi : il devenait plus malin, et sa conception du marginal passait de la *pulp fiction* noire à la culture pop aux couleurs acidulées. À partir

---

| [1] Interview avec Nicholas T. Proferes, chef opérateur de *Wanda* et proche collaborateur de Barbara Loden, 12 février 1995 (ci-après : Proferes). | [2] Elia Kazan, *A Life*, New York, Alfred A. Knopf, 1988 (ci-après : Kazan), p. 807. Édition française : *Une vie*, trad. J. Jacobs, Bernard Grasset, 1989 (ci-après : *Une vie*), p. 778. | [3] Raymond Carney, *The Films of John Cassavetes*, Cambridge, Cambridge University Press, 1994, p. 271.

Barbara Loden, *Wanda.*

de la fin des années 1960, le « nouveau Hollywood » s'est attaché à des hors-la-loi *glamour* et à une violence sensationnelle. Le décor fut planté en 1967 par Arthur Penn avec sa version de l'histoire de Bonnie Parker et Clyde Barrow. À la sortie de *Wanda*, Loden dut subir des comparaisons. Elle répondait à Ruby Melton, qui lui demandait si le film de Penn l'avait influencée : « J'ai écrit le script dix ans environ avant *Bonnie and Clyde*. Je n'ai pas aimé ce film, parce qu'il n'était pas réaliste et qu'il présentait les personnages sous un jour séduisant. Ce genre de personnes ne se trouverait jamais dans ces situations, ne mènerait pas ce genre de vie : ils étaient trop beaux [...] *Wanda* est l'anti-*Bonnie and Clyde* [4]. »

Aux États-Unis, Carney était bien seul à voir dans *Wanda* « un petit chef-d'œuvre négligé [5] », alors que le film était même ignoré par la majorité des textes de théorie féministe du cinéma – contrairement à Chantal Akerman, Sally Potter et Yvonne Rainer. Or, l'aliénation de la ménagère-prostituée belge d'Akerman (*Jeanne Dielman, 32 quai du Commerce, 1080 Bruxelles*, 1975) peut être lue comme l'envers de la ménagère-devenue-vagabonde de Pennsylvanie : l'une était trop bonne ménagère, l'autre pas assez. La « valeur marchande » des deux femmes dépend de leurs qualités de ménagères et de leur capacité à satisfaire les hommes. Toutes deux trouvent l'équation insupportable et élaborent des stratégies diverses pour détourner leur angoisse. Elles montrent des moments inattendus de résistance, des réserves d'énergie cachées, qui échouent à les sauver parce que les dés sont pipés. Pourtant il y a une différence majeure, poignante, entre les deux films, qui pourrait expliquer pourquoi Jeanne est devenue une héroïne féministe par défaut et pourquoi Wanda a été si facilement oubliée. Dans le film d'Akerman, les hommes sont périphériques : ce sont des bouches à nourrir, des queues à satisfaire, mais le film indique la possibilité d'un espace utopique structuré par les désirs, les histoires, les besoins et les angoisses des femmes. Jeanne ne dirait jamais « monsieur » à un de ses clients et Akerman n'a pas fait son film sous le regard terrifiant d'un des monstres sacrés de Hollywood. Alors que dans *Wanda*, les hommes projettent une ombre géante.

2.

Barbara Loden est née à Marion (Caroline du Nord) en 1932 et a eu une enfance difficile. Proferes : « Elle était du *white trash* [Blancs pauvres], des bas quartiers. Son père l'a abandonnée et elle a vécu avec ses grands-parents. Les garçons ont commencé très tôt à lui tourner autour. » À dix-sept ans, elle vient à New York et est quelque temps danseuse au Copacabana. « Son premier mari [Larry Joachim] a fait sa connaissance 42e rue. Elle était accompagnée d'un musicien [...] Larry lui a demandé pourquoi elle était venue à New York et elle a répondu : "Je veux être célèbre." Et puis elle l'a épousé. C'était un type

---

| [4] Ruby Melton, « An environment that is overwhelmingly ugly and destructive: an interview with Barbara Loden », *The Film Journal*, Vol. I, n° 2, Summer 1971 (ci-après : Interview Melton), p. 11. | [5] Raymond Carney, *The Films of John Cassavetes*, *op. cit.*; *American Dreaming :The Films of John Cassavetes and the American Experience*, Berkeley, University of California Press, 1985.

bien et il s'est occupé d'elle. » Proferes croit que c'est Joachim qui l'a présentée à Elia Kazan ; elle avait vingt-trois ans, c'était donc en 1955. Kazan l'épousa finalement en 1967. Entre-temps, Loden avait eu un premier fils de lui, Leo, et plus tard un enfant de Joachim, Marco.

Même après être devenue une comédienne connue, Loden a suivi des cours d'art dramatique avec son maître, Paul Mann. À vingt-cinq ans, elle tenait un rôle dans sa première pièce à Broadway, *Compulsion* (1957). Elle devint membre de la Lincoln Center Repertory Company et remporta en 1964 un Tony pour son « interprétation stupéfiante », dans *Après la chute* d'Arthur Miller (mis en scène par Kazan), de « Maggie, l'actrice populaire et sexy qui [fut] inévitablement identifiée avec Marilyn Monroe », deuxième femme de Miller [6].

En 1960, Kazan, tirant profit de son origine de « cul-terreux », avait donné à Loden un petit rôle en face de Montgomery Clift dans *Wild River* (*le Fleuve sauvage*). Un an plus tard, il lui fit jouer la sœur de Warren Beatty, coureuse d'hommes et autodestructrice, dans *Splendor in the Grass* (*la Fièvre dans le sang*). Son interprétation est agressive, amusante, fougueuse, tragique, surdramatisée, elle tire le meilleur parti de ses yeux bleu pastel, de sa peau de porcelaine et de ses jambes parfaites. Pourtant, le rôle est conçu comme un repoussoir pour la fille sage en proie aux tourments de la chair interprétée par Natalie Wood, et condamné à rester tel. Il confirme tout au plus la place de Loden dans les fantasmes sexuels de Kazan : mauvaise, *trash*, sexy et très marrante, mais elle est celle *qui sait.* Dans *Splendor in the Grass*, elle dit à son frère faible qu'il détruit sa vie en obéissant à leur père trop viril. Dans le roman *l'Arrangement*, le personnage de Gwen (inspiré par Loden) explique brutalement à Eddie Anderson que sa vie est médiocre et qu'il doit cesser d'écrire des campagnes publicitaires pour des cigarettes. Dans la vie de Kazan, Loden l'a aidé à abandonner le théâtre et à écrire lui-même ses scénarios. De telles femmes, pour Kazan, sont dans la position du « sujet supposé savoir » de Lacan, la position de l'Autre absolu. Mais leur savoir est instinctif plutôt que rationnel. Elles ne peuvent que suggérer la vérité. C'est le rôle de l'homme d'analyser, de disséquer, de comprendre, de tirer des conclusions. De plus, elles n'ont aucune connaissance d'elles-mêmes, ce sont des créatures passionnées qui agissent impulsivement, avec la sagesse suprême de la folie, et ce sont des hommes dans leur vie qui, quand ils auront apprivoisé la mégère, raconteront son histoire.

C'est donc ce que fit Kazan avec son roman *l'Arrangement* (1967), qui « était essentiellement une étude autobiographique de lui-même et de sa femme [7] ». Quand il signa un contrat avec Warner Bros. pour tirer un film du livre (*The Arrangement*, 1969), Loden devait jouer « son propre rôle » aux côtés de Marlon Brando. Brando refusa le rôle d'Eddie Anderson, qui alla à Kirk Douglas. Du coup, Loden se vit écartée. « Le studio a dit : "Kirk Douglas et Barbara Loden, personne n'ira voir ça." Alors ils ont pris Faye Dunaway [8] » (Proferes). Selon Kazan, Barbara ne le lui pardonna jamais. Elle aurait aussi dû se méfier de la manière dont elle était décrite dans le livre. Kazan reconnaît que sa Gwen aime Eddie à la folie : pendant des années, elle a été sa maîtresse secrète en même temps que son soutien et sa compagne. Mais la question du désir féminin lui échappe. On en a la preuve quand, dans son autobiographie, il essaie de comprendre Loden : « Comme beaucoup de jolies filles que j'ai connues, elle se sentait dépourvue de qualités, elle avait le sentiment que la seule chose qui lui donnait la moindre valeur était le désir d'un homme pour elle. » Sauf quand elle fit *Wanda*.

3.

Loden eut l'idée du film en lisant un article de journal sur « une femme qui avait été complice du hold-up d'une banque et avait été condamnée à vingt ans de prison [...] Quand le juge lui annonça la sentence, elle le remercia [9] ». Peu sûre d'elle, Loden mit quelque temps à admettre qu'elle souhaitait réaliser le film elle-même. Elle voulait « être une artiste [...] pour justifier sa propre existence [...] [Mais elle] était très effacée, et n'avait pas l'intention de faire sortir le film [...] C'était une manière de récupérer, de récupérer de la pression d'avoir produit une œuvre d'art, si le résultat n'était pas à peu près convenable [10] ».

Il fallut près de six ans pour trouver le financement [11]. En fin de compte, il vint de Harry Shuster, un ami du couple, qui figure au générique comme producteur. Kazan et Loden cherchèrent ensuite un collaborateur. Un ami commun, *executive producer* en début de production (mais qui se désista en cours de route), présenta Proferes au couple, qui voulait utiliser sa salle de projection pour regarder le travail de candidats. Puis, selon les souvenirs de Proferes : « [Mon ami] me dit : "Je veux leur montrer un de tes films, pour leur donner plus de possibilités." Et c'est moi qu'ils ont choisi. J'étais très réticent. Je n'avais jamais tourné de long métrage de fiction [...] Et puis travailler avec une femme, une actrice, ça ne paraissait pas une bonne idée, pas même une idée intéressante. Je ne sais pas ce qui m'a fait accepter [12]. »

Né en 1936 dans le nord rural de l'État de New York, Proferes s'était installé à la ville à vingt-cinq ans et avait rencontré D.A. Pennebaker. Le producteur de Pennebaker, Robert Drew, avait une compagnie à laquelle participaient aussi Richard Leacock et les frères Maysles, et il avait reçu une somme appréciable de *Time/Life* pour faire une série de documentaires. Proferes fut engagé comme stagiaire au montage, et plus tard il apprit à manier une caméra : « Avec Leacock, il n'y avait pas de distinction. Nous étions simplement des cinéastes, et nous faisions tout. » À partir de *Primary* (1960), Drew Associates produisit des films de cinéma-vérité qui allaient faire date [13]. « Ils voulaient faire un cinéma qui puisse rivaliser avec les films de fiction et conquérir Hollywood. C'était

---

| [6] *New York Times*, 24 janvier 1964, p. 18. | [7] Interview avec Michael Higgins, 19 février 1995. Kazan écrit que Loden a inspiré le personnage de Gwen, par sa présence dans sa vie et par les conversations qu'il eut avec elle (Kazan, p. 736, 738). | [8] Faye Dunaway avait été la doublure de Barbara Loden dans *Après la chute*. | [9] Interview Melton, p. 11. | [10] Proferes. | [11] Kazan, Loden et Proferes diffèrent quant au coût du film : $200 000 d'après Kazan, entre $80 000 (budget préalable) et $115 000 (effectivement dépensés) d'après Loden (Interview Melton, p. 12) et $75 000 d'après Proferes. | [12] C'est peut-être un souvenir qui lui fit accepter. En 1957, Proferes était dans la Marine. Pendant une permission, il reçut un billet pour son premier spectacle à Broadway : c'était *Compulsion*. « J'étais en haut, au balcon [...] et tout en bas il y avait une blonde en robe rouge qui dansait le charleston. J'ai gardé cette image avec moi pendant des années. C'était Barbara... » | [13] Citons, de Leacock : *Eddie Sachs in Indianapolis* (1961), *Football* (1962), *The Chair* (1963), *Happy Mother's Day* (1963, avec Joyce Chopra), *Igor Stravinsky, A Portrait* (1966) ; d'Albert et David Maysles : *What's Happening!*, *The Beatles in the USA* (1964). Le mouvement se poursuivit avec des films comme *Don't Look Back* (1966) et *Monterey Pop* (1967) de Pennebaker, *Salesman* (1969) des frères Maysles, et *Gimme Shelter* (1970) des Maysles et Charlotte Zwerin.

très passionnant, ça a été une période grisante. » Plus tard, Proferes créa sa propre compagnie [14].

Loden décida de tourner en 16 mm pour des raisons d'économie ; cela lui permettait aussi d'explorer des combinaisons nouvelles de fiction et de documentaire, et d'interroger l'impulsion à l'origine de *Wanda*. Elle trouvait son projet initial « un peu vieillot dans la mesure où il [racontait] une histoire [15] ». Pendant la réalisation, elle comprit qu'un récit traditionnel n'était pas la manière idéale d'exprimer ce qu'elle avait en tête : « Je sais maintenant pourquoi les gens font des films dits d'avant-garde qui sautent d'une chose à l'autre sans lien ni but. Parce que c'est beaucoup plus facile. »

Si Barbara Loden fait œuvre de pionnier, c'est que pour elle l'expérimentation était une manière d'explorer le non-dit. Selon la poétesse afro-américaine Audre Lord, « la maison du maître ne peut pas être détruite avec les outils du maître ». L'importance historique de *Wanda* se situe à cette jonction : Loden voulait suggérer, du point de vue de sa propre expérience, ce que représentait le fait d'être une femme blessée, aliénée – et non fabriquer une « femme nouvelle » ou une « héroïne positive ».

Le film a été tourné sur une période de dix semaines au Connecticut et en Pennsylvanie, avec une petite équipe de quatre personnes : Loden et Proferes, qui faisaient « tout, même les costumes » (Proferes), un technicien pour l'éclairage et le son (Lars Hedman) et un assistant (Christopher Cromin). Higgins se rappelle que lorsqu'ils tournaient près de la maison de Kazan au Connecticut, Loden faisait la cuisine pour les acteurs et l'équipe. Tout en insistant sur le fait que *Wanda* « était le film de Barbara », Proferes explique que « c'était vraiment une coréalisation [...] De temps en temps, elle regardait dans le viseur. Mais la plupart du temps elle me faisait confiance [...] J'ai été responsable du cadrage et de la composition de 99% des plans. Et puis nous regardions les rushes ensemble. » Mais c'est Loden seule qui supervisait l'interprétation, y compris la sienne, magnifique, dans le rôle principal.

L'utilisation de la pellicule 16 mm inversible facilitait le gonflage en 35 mm. Proferes était habitué à l'inversible : « Avec Ricky [Leacock] et tous les autres, on tournait en inversible et on passait à un internégatif à partir des bandes A et B [16]. » Son style est documentaire, caméra à l'épaule, sans beaucoup d'éclairage : il dut « pousser » la pellicule au développement, ce qui ajoute au grain de l'image. Lorsque Wanda cherche refuge dans une salle de cinéma hispanique, toute la séquence est poussée à 1000 ASA. Il n'y avait ni storyboard, ni répétitions, et le rapport métrage tourné-métrage monté est élevé : le métrage original correspondait à « quinze ou vingt heures » (Proferes). Les cinéastes tiraient parti de situations imprévues, les scènes étaient improvisées devant la caméra [17]. Higgins dit un jour à Proferes « que jamais, ni avant ni après, il n'avait connu une telle liberté ». Il estime que c'est dû au travail fluide et compétent de Proferes à la caméra : « Dans la scène où je passe devant les voitures en volant des vêtements, Nick m'a seulement dit : "Tu fais ce que tu as à faire, et je te suivrai." Je passais de voiture en voiture, je prenais le costume et les chaussures et je partais rapidement [...] Nick a une grande responsabilité dans le mouvement de ce film. Il y a très peu de réalisateurs qui font ça. Bien sûr, avec une caméra 35, c'est impossible. »

Certains des moments les plus forts de *Wanda* sont dus à des hasards. Higgins se souvient : « De l'autre côté d'un champ, il y avait un homme avec son fils, qui jouaient avec un petit avion télécommandé. Barbara m'a demandé : "Tu peux faire quelque chose avec ça ?" J'ai adoré l'idée et j'ai dit oui. Alors, pendant qu'il voletait, j'ai crié : "Reviens !" en faisant des signes de main à l'avion. Puis j'ai sauté sur la voiture en tendant les bras vers le ciel. » Cette séquence montre aussi un des rares moments de tendresse réelle, bien qu'inexprimée, entre les deux personnages. Par une fin d'après-midi tranquille, Wanda et Mr Dennis mangent et boivent de la bière dans un champ vide. Mr Dennis s'éloigne puis revient à la voiture et à Wanda, enlève sa veste et la lui met sur les épaules. Elle remarque que le soleil se couche et il passe derrière elle, regardant intensément ses cheveux. Son regard, son attitude, sont ceux d'un amant obsessionnel, en contradiction avec ses mots : « Tes cheveux sont affreux. » Ça ne paraît pas trop préoccuper Wanda, mais quand Mr Dennis lui suggère de les couvrir avec un chapeau, elle lui dit qu'elle n'a pas d'argent pour en acheter un. Il la traite d'idiote et expose ses idées sur l'argent (sagesse amère d'un homme qui n'en a jamais eu) : « Si tu n'as rien, tu n'es rien. » Wanda ne semble pas gênée d'être « rien », ce qui irrite Mr Dennis. Alors que les personnages se sont révélé l'un à l'autre leurs points les plus vulnérables, le bruit irritant du jouet télécommandé envahit l'espace filmique, jusqu'à ce que Mr Dennis grimpe sur le toit de la voiture, agitant les bras. En conclusion de la scène, il jette un regard à Wanda et lui demande : « Pourquoi tu ne t'achètes pas un chapeau ? » Pour Loden, cette séquence était « une image donquichottesque, où Mr Dennis bat l'air contre des ennemis imaginaires qui l'attaquent, tente d'atteindre quelque chose qui est hors de sa portée [18] ». Dans un moment de grâce, la cinéaste laisse entrevoir la quête de dignité de l'homme et le romantisme caché de ses deux paumés.

Le prix reçu à Venise « a complètement changé [Barbara]. Elle est devenue cinéaste à ses propres yeux. Elle avait cette validation [19] ». Mais Kazan, qui l'avait aidée à beaucoup d'étapes de la préparation, n'était pas très heureux : « Après *Wanda* [...] débarrassée de vêtements qui mettaient ses charmes en valeur, elle ne se présentait plus comme la petite femme fragile dépendante des hommes de pouvoir [...] Je me rendais bien compte que j'étais en train de la perdre. Mais je perdais aussi mon intérêt pour son combat [...] Elle ne s'occupait plus de l'entretien de la maison, elle la laissait à l'abandon, et je suis assez vieux jeu [20]. » Finalement, comme elle avait « tout à fait réussi à se bâtir une vie indépendante » de lui, il la persuada d'accepter le divorce. Peu après, elle découvrit une « boule [*lump*] dans sa poitrine », premier signe de son cancer [21]. Elle ne fit jamais d'autre film.

| [14] Il réalisa *Free at Last*, un documentaire sur Martin Luther King – qu'il avait suivi à travers les États-Unis – qui remporta le prix du meilleur documentaire à Venise en 1969. | [15] Interview Melton, p. 12. | [16] Disposition des éléments de tirage 16 sur deux bobines, pour éviter de perdre un photogramme à chaque collure et permettre des effets optiques [NdT]. | [17] C'est une différence majeure avec les films de Cassavetes qui « *ont l'air* improvisé, mais sont entièrement écrits [...] *Shadows* [...] est le seul de ses films qui soit totalement improvisé » (Al Ruban, collaborateur fidèle de Cassavetes, interviewé et cité par Bérénice Reynaud, « Al Ruban : Tout, plus le reste », *Cahiers du cinéma*, n° 417, mars 1989). | [18] Interview Melton, p. 14. | [19] Proferes. | [20] Kazan, p. 794 ; *Une vie*, p. 766 (traduction légèrement modifiée). | [21] Kazan, p 795 ; *Une vie*, p. 766 (traduction modifiée). Au début de sa liaison avec Loden, Kazan, âgé de quarante-huit ans, était allé voir un analyste pour soigner « une grosse boule (*lump*) de

FURNITURE

Elle avait pourtant passé ses dix dernières années à lutter, à essayer. En explorant son bureau après sa mort, Kazan trouva « trois piles de manuscrits photocopiés, des scénarios terminés qu'elle avait écrits avec Nick Proferes ». Proferes se souvient en particulier d'un projet sur une star alcoolique où il devait diriger Loden : « Nous avons fait beaucoup d'improvisation. Nous écrivions le script, puis nous l'améliorions. » Ces scénarios, ajoute-t-il, étaient peut-être « faibles sur le plan dramatique » mais, « comme *Wanda*, ils avaient une vraie honnêteté ». Or, « personne ne s'est vraiment intéressé à ce que Barbara fasse ces petits films. On ne lui accordait toujours pas le moindre respect – ni à elle ni à moi. La seule raison pour laquelle nous arrivions à voir les gens, peut-être, était à cause de Kazan [22] ».

Après Venise et jusqu'à sa mort, Loden dirigea un cours d'art dramatique pour une douzaine d'étudiants, qui « la considéraient comme une sainte » (Proferes) , et mit en scène un certain nombre de pièces, souvent en collaboration avec Proferes. Higgins, qui en a vu la plupart et a travaillé avec elle lors de la préparation de *la Boîte de Pandore* de Wedekind (projet non réalisé), était impressionné par sa manière de communiquer avec les acteurs, à l'aide de « très peu de mots [...] qui venaient du cœur ». Proferes confirme qu'« elle était très bonne avec les comédiens (la plupart venaient de son cours) » et que, malgré les conditions financières difficiles de l'*off-off*-Broadway, ses mises en scène avaient « des moments vraiment brillants ». Quelques mois avant sa mort, elle mit en scène avec David Heefner *Come Back to the Five and Dime, Jimmy Dean, Jimmy Dean* d'Ed Graczyk, où elle donna aussi « une interprétation ardente » (Kazan).

4.

Le thème de *Wanda* est révélé avec élégance dans les premières minutes : il s'agit d'une femme qui ne peut pas s'insérer dans son milieu, qui n'est à sa place nulle part (on ne la voit jamais avoir une maison à elle) et dont la seule présence dérange les hommes qui l'entourent (ce qui ne l'empêche pas d'être un objet sexuel). Le film commence par un plan d'ensemble, avec un panoramique gauche-droite sur un bassin houiller : crassiers, une grue au loin, le bruit répétitif de l'extraction du charbon. Dans le plan 2, on passe à un plan général de deux *dumpers* qui creusent dans les terrils ; le plan 3 nous amène au coin d'une maison pauvre. En 4, on passe à l'intérieur de la maison, où est assise une grand-mère qui coud. Plan 5 : par une porte vitrée, on voit un petit garçon qui marche, puis on l'entend pleurer.

colère rentrée » (*Une vie*, p. 585). Il admirait beaucoup Barbara, qui était capable d'exprimer sa colère de manière spectaculaire. C'est elle qui mourra, à quarante-huit ans, de colère rentrée et de frustration. Son cancer s'étend au foie, où est « emmagasinée sa colère » (Kazan, p. 801-802), et elle meurt en criant « Merde ! Merde ! Merde ! » (Kazan, p. 793). On peut difficilement trouver exemple plus troublant de la « circulation d'un signifiant » au sein d'un couple. | [22] Proferes ajoute que le seul travail qui leur fut proposé vint de la Learning Corporation of America, qui leur demanda de réaliser « deux films dramatiques d'une demi-heure, des sortes de contes moraux ». Ils les tournèrent dans les mêmes conditions que *Wanda*.

6 : de l'autre côté de la porte, une femme blond-roux en chemise de nuit blanche, de dos. Le plan 7 montre le bébé qui pleure sur le lit.

Les deux plans suivants sont caractéristiques du style documentaire de Proferes. En 8, la femme, le bébé dans les bras, va vers le frigo, l'ouvre puis va vers le fourneau ; la caméra la quitte pour revenir sur la droite et cadre un homme en t-shirt qui entre par la porte de la cuisine, prend son blouson au mur et lance un regard mauvais vers la femme ; la caméra panote à nouveau vers celle-ci, laissant l'homme qui sort du champ sur la droite, tandis que la femme lui offre du café. Plan 9 : l'homme sort sans dire un mot ; la caméra panote vers le bas, révélant une autre femme (Wanda) allongée sur un divan, entièrement recouverte par un drap, sauf une jambe nue qui émerge. Suit une série de champs-contrechamps [10-15] sur la femme au bébé et Wanda, qui dit : « Il m'en veut parce que je suis ici » et regarde devant elle. Le plan suivant montre ce qu'elle voit par la fenêtre : deux *dumpers* qui font du bruit pendant qu'à l'intérieur, le bébé pleure [16]. Puis retour sur Wanda, qui commence à se lever, révélant un soutien-gorge noir [17].

Dans l'une des ellipses admirées par Carney, le plan suivant [18] montre le même bassin houiller lugubre, et on attend que ce soit, comme le 16, ce que voit Wanda. De fait, on s'en rend compte plus tard, un certain temps s'est écoulé et Wanda ne regarde plus le paysage, elle est dedans. Ce plan, qui dure près de deux minutes, commence par un champ très large, puis zoome lentement vers une petite figure blanche, presque incandescente, perdue dans la grisaille. À la fin du zoom, on est toujours trop loin de la figure pour la distinguer clairement, elle reste mystérieuse, quasi magique ; puis la caméra panoramique gauche-droite, suivant la figure. On entend aboyer un chien invisible.

La coupe démarre une nouvelle séquence : une voiture passant sous un pont [19], arrivant devant un bâtiment industriel [20], la voiture avec dedans deux enfants et deux adultes, et un homme, Goranski, qui en descend [21] et crie à un autre hors champ – Steve – qu'il doit aller au tribunal [22] ; un plan général de Steve sur une plate-forme de chargement [23], Goranski le saluant et remontant en voiture [24].

Retour à l'espace du plan 18 : dans le paysage assombri par la poussière de charbon, un camion suivi en pano gauche-droite, et la même figure blanche, toujours au loin, qui marche [25]. 26 montre en plan général un vieil homme qui ramasse du charbon. 27 se rapproche de lui, une voix de femme le salue ; la caméra panote sur la droite jusqu'à ce qu'apparaisse la « figure », maintenant proche et reconnaissable : c'est Wanda, en pantalon et chemisier clairs, avec des bigoudis sous un foulard blanc. On revient sur le vieil homme et on le suit qui se dirige vers Wanda jusqu'à ce que les deux soient dans le cadre. Elle lui demande : « Tu pourrais me prêter un peu d'argent ? »

Ce flottement de Wanda entre les hommes définit l'errance du personnage. Au tribunal, Goranski l'accuse de l'avoir « abandonné » ainsi que les enfants, et il semble impatient de se remarier le plus vite possible. Réduite au silence par ses accusations, elle ne peut que dire : « Monsieur le Juge, s'il veut le divorce, c'est d'accord. » Ce qui est en jeu, c'est ce que veut Goranski, pas elle. Que veut-elle ? Pas son mari : quand la caméra les cadre ensemble, elle ne le regarde pas. Et pas ses enfants : ces derniers restent hors champ, et Loden ne se permet pas un seul regard furtif dans leur direction.

Le plan général montrant la figure fragile de Wanda perdue dans la grisaille du paysage est à contre-courant du récit traditionnel américain où, même quand il s'exile (*America America* de Kazan) ou abandonne son ancienne vie (*The Arrangement*), l'homme domine son milieu. De même, le héros d'un *road movie* peut aller à la dérive, mais il impose l'attention, c'est sa volonté qui structure l'espace. Il n'y a pas de comparaison avec la solitude, la désolation suggérées par la marche quasi surréaliste de Wanda, qui ne parvient jamais tout à fait à occuper le centre du plan général et semble engloutie par son environnement.

Même si des voix isolées, comme l'historien du cinéma Teshome H. Gabriel, affirment que « le récit nomade, dans le meilleur des cas, est un récit de femme [23] », la tradition de l'errant féminin est quasiment inexistante sauf si – comme dans les fantasmes à la Bonnie et Clyde – elle est la compagne d'un homme. La description par Gabriel d'un cinéma nomade, inspirée par *Mille plateaux* de Deleuze et Guattari, s'applique parfaitement à *Wanda* : « Le voyage est le lien ; sans lui il n'y a pas de film [...] Le film existe pour que le voyage puisse exister, et vice versa. » Ainsi se définit une esthétique nomade déployant « des espaces libérés hors de Hollywood et un cinéma d'opposition [où] apparaît un cinéma neuf, nouveau-né, un cinéma pas-encore-ici mais déjà-plus-ici, un cinéma voyageur, un cinéma nomade. »

La sensibilité nomade de *Wanda* apparaît d'abord dans sa structure narrative : Michael Higgins souligne le fait que, des bassins houillers de Pennsylvanie aux *highways* du Connecticut, de Waterbury où Mr Dennis rencontre son père à Scranton où a lieu le cambriolage, les personnages tournent en rond et « ne vont nulle part ». Wanda n'est pas socialement mobile, son histoire est non-directionnelle : à la fin, elle n'est pas moins paumée – seule, sans argent, à la dérive – qu'au début. L'espace diégétique est construit sans points de fuite et son architecture de champs-contrechamps n'obéit pas aux règles classiques. Carney cite Loden qui voyait toujours Wanda « *dans* quelque chose, entourée par quelque chose », ce qui paraît très proche de la définition deleuzienne d'un espace lisse. Le style cinéma-vérité de Proferes, qui suit ses sujets (même à distance) dans une démarche presque tactile, assimilant premier plan et arrière-plan, est un bon exemple de l'« espace haptique de vision rapprochée » que *Mille plateaux* attribue à l'esthétique nomade [24]. Dans le cas de *Wanda*, cette proximité n'est pas purement esthétique, mais reflète une sympathie intime, plutôt qu'une attitude de juge ou de voyeur, des cinéastes pour leur héroïne. Loden le déclare nettement : « À mon avis, Wanda a raison et tous ceux qui l'entourent ont tort [25]. » Pourtant l'espace lisse et l'espace strié de Deleuze et Guattari se recoupent et se superposent constamment, se transformant l'un en l'autre ; ici, c'est le montage de Proferes qui, en « coupant » et en donnant forme au matériau, le projette sur un autre « plateau », parvenant à une synthèse fragile, gracieuse et splendide entre les deux espaces.

| [23] Teshome H. Gabriel, « Thoughts on Nomadic Aesthetics and the Black Independent Cinema: Traces of a Journey », in *Blackframes: Critical Perspectives on Black Independent Cinema*, Mbye B. Cham and Claire Watkins, ed., Cambridge, MIT Press, 1988. | [24] Gilles Deleuze, Félix Guattari, *Capitalisme et Schizophrénie 2, Mille plateaux*, Paris, Minuit, 1980, p. 614 sqq. | [25] Interview Melton, p. 11.

5.

Quand Wanda a tout perdu – l'abri de la maison de sa sœur, son mari, ses enfants, son travail, l'amour-propre qui pouvait lui rester quand elle est plaquée par le représentant de commerce, enfin ses derniers dollars, qu'on lui vole au cinéma – au moment où elle n'a plus rien à perdre, elle rencontre Mr Dennis.

On a remarqué que le rythme du film et ses stratégies formelles ont été modifiés par l'arrivée de Michael Higgins. Le manque de moyens, mais aussi la recherche de personnes « vraies » poussaient Loden à distribuer les petits rôles « aux gens qui vivaient dans le coin [26] ». À l'inverse, Higgins était un comédien professionnel aguerri, qui avait derrière lui une longue activité théâtrale. Loden l'avait connu sur le plateau de *The Arrangement*, où il jouait le frère de Kirk Douglas. Par ses origines et sa sensibilité, Higgins était très proche de Loden et Proferes. Cet enfant de Brooklyn, qui avait « l'ambition de faire de grandes choses », s'était engagé dans une troupe shakespearienne locale à dix-sept ans et y avait passé quatre ans. Grièvement blessé pendant la Deuxième Guerre mondiale, il fut le premier étudiant reçu à l'American Theatre, « le programme de formation professionnelle pour acteurs et metteurs en scène qui étaient démobilisés. Et tout en étant étudiant, je travaillais à Broadway. »

Quand Higgins arriva sur le tournage, il avait fait son travail de préparation sur le personnage de Mr Dennis. « C'est un homme qui a passé quelques années en prison. Cela m'a amené à penser au genre de type qu'il était, à ses vêtements, à sa coiffure et bien sûr à son attitude méfiante. C'est Barbara qui a suggéré les lunettes de soleil. Nous avons aussi pris des vieux vêtements de Kazan (il ne jetait jamais rien), et j'ai décidé de me mettre la cicatrice sur le front. Nous n'avions personne pour le maquillage. Alors je devais me mettre la cicatrice chaque matin. Il y avait quelque chose de drôle chez le personnage. Ce n'était pas un bon escroc. Il savait qu'il allait au-devant d'ennuis sérieux. »

La relation de Wanda avec Mr Dennis est tout sauf passive. Explorant en profondeur la vérité de son personnage, Loden abandonna, le jugeant « bidon », son thème original à la Pygmalion « où l'homme crée la fille et fait d'elle quelque chose [27] ». Dans la suite de plans qui décrit leur première rencontre, c'est elle qui lui impose sa présence et non lui qui la « drague » ou l'« enlève ». Quand elle entre dans le bar, il essaie d'abord de se débarrasser d'elle en disant : « C'est fermé. » Elle entre de force, exige de se servir des toilettes. Son entêtement est différent de sa manière désespérée, plus tôt, de « s'accrocher » au représentant de commerce. C'est la première fois que nous voyons Wanda exprimer son désir et agir en conséquence. Initialement, les composantes érotiques paraissent absentes. Puis il apparaît que Wanda, consciemment ou non, a choisi Mr Dennis pour partenaire. Le reste de la scène la montre qui se met en place dans le regard de l'homme, manœuvre articulée autour d'une série de demandes. Revenant des toilettes, elle demande une serviette, qu'elle n'aura pas : la caméra panote du visage de Mr Dennis sur la seule serviette du café, qui sert à bâillonner le barman, étendu derrière le comptoir, ligoté, invisible de Wanda. En un seul plan, le désir de Wanda s'attache au récit de Mr Dennis. C'est parce qu'il est en train de faire un petit

| [26] *Ibid.*, p. 13. | [27] *Ibid.*, p. 11.

casse que celui-ci ne peut pas répondre à la demande de Wanda. Ne pouvant lui donner la serviette qu'elle veut, il s'empare de ce que lui veut : l'argent de la caisse.

Auparavant, la relation de Wanda avec les hommes était vécue sous le signe de la demande et de la nécessité. Elle recevait plus ou moins ce qu'elle demandait : un peu d'argent, un travail, une bière. Mais elle perdait toujours au change : moins d'argent qu'elle espérait, un travail ne durant que deux jours, une bière pour une prise en stop et un coup rapide. Parce que Mr Dennis ne lui donne même pas les restes qu'elle avait l'habitude de recevoir des hommes, elle est poussée à en demander plus. Elle mange sans gêne aucune les chips sur le comptoir, demande à boire – il lui sert une bière à la pression – puis exige ce qu'elle n'a jamais eu avant : son attention quand elle parle. Elle lui dit qu'on lui a volé tout son argent, puis lui demande un objet personnel et presque intime : un peigne. À contrecœur, il en tire un de sa poche. C'est ainsi qu'elle fait de Mr Dennis un partenaire. Il le comprend, puisque lorsqu'il parle ensuite, il dit nous : « Allons-y ! » Dans la scène suivante, ils se comportent déjà comme un vieux couple. Il a emmené Wanda dîner, et il lui reproche de manger salement ses spaghetti. Blessé affectivement, il ne sait rien dire d'agréable, critiquer l'interlocuteur est une manière de lui accorder son attention. La scène se termine sur un plan de Mr Dennis qui lance un regard de convoitise sur Wanda hors champ. Il n'y a pas de contrechamp, mais le plan suivant, *cut*, les montre au lit. Les efforts maladroits mais agressifs de Wanda pour faire la conversation à Mr Dennis ou simplement pour le toucher l'irritent, et il lui ordonne d'aller acheter trois hamburgers en pleine nuit.

À ce moment, le point de vue de Mr Dennis coïncide avec celui du spectateur, et il ne perçoit pas ce que ressent Wanda : quand il l'envoie chercher à manger, il lui donne « trop d'argent » et elle proteste (ce n'est pas de l'argent qu'elle veut de lui). Plus tard, il entend des sirènes de police, regarde par la fenêtre et la voit qui parle à un homme et s'en va avec lui. Visuellement, l'image est similaire à celle de Wanda marchant dans le champ houiller, petite figure blanche perdue dans le noir qui l'entoure. Mr Dennis hausse les épaules, ferme la fenêtre, éteint la lumière, ferme la porte à clé et va se coucher : ce genre de fille, on lui donne de l'argent et elle part avec un autre type. Cela change quand Wanda revient et qu'il la gifle : par son absence, elle est entrée dans son espace, il n'est plus spectateur mais impliqué dans quelque chose qui ressemble à de la passion, la jalousie.

Pourtant *Wanda* n'est pas une histoire d'amour. Quand l'héroïne perd Mr Dennis, ce n'est pas pure « poisse », c'était inscrit dans la dynamique de leur rapport. Dans la scène poignante avec son père, nous voyons en Mr Dennis un homme à qui est refusée la simple dignité d'être un bon fils (le père refuse son argent) à cause d'une vie de petite criminalité et d'échecs. C'est l'urgence intérieure qui le pousse à imaginer l'improbable cambriolage de la banque. Il est condamné et le sait. Alors Wanda devient « Wanda », pour peu de temps ; ce n'est que quand il la presse de devenir sa complice qu'il se sert de son prénom au lieu de l'appeler « idiote ». Il veut se servir d'elle, mais c'est aussi un homme qui se noie qui prononce un mot d'amour. « Écoute-moi, Wanda. Peut-être que tu n'as jamais rien fait avant. Peut-être pas. Mais tu vas faire ça. » À ce moment, Mr Dennis se trouve derrière Wanda, il la tient par les épaules et lui parle à voix basse, presque dans son oreille. Un contrechamp révèle qu'ils sont devant un miroir, et Mr Dennis a une confirmation de son existence, de son identité, en regardant son reflet avec Wanda. Même au moment de leur lien le plus fort, il ne parle pas vraiment d'elle, mais de lui. Il a cru qu'il pourrait établir une vraie association avec une femme s'il lui demandait (la priait, la persuadait, la forçait) de faire avec lui ce qu'il veut faire. Parenthèse émouvante, quand il prépare le casse avec Wanda, il se conduit comme un metteur en scène avec une actrice réticente, lui disant de s'habiller en femme enceinte et lui donnant un « script » à apprendre par cœur. Loden commentait là sa propre expérience de comédienne (le fait que Higgins porte le costume de Kazan confirme cette interprétation). *Wanda* commente aussi la manière dont les femmes sont forcées de jouer un rôle à l'intérieur du « script » écrit par les hommes, pour avoir une chance d'être aimées. Au fur et à mesure que Mr Dennis se révèle, le désir de Wanda, lorsqu'il apparaît, est à nouveau éclipsé. Pourtant, elle veut cet homme. Mais elle ne veut pas d'argent. Il ne lui a jamais donné une chance de connaître son prénom à lui. Peut-être aurait-elle voulu le dire, une fois au moins.

Et comme la plupart des femmes, elle se reproche cette perte. Elle « s'en est bien sortie » (dit Mr Dennis) pendant la première partie du hold-up, mais elle gâche tout quand le policier la retarde en lui demandant les papiers de la voiture. Nous savons (mais pas elle) que la mort de Mr Dennis n'est due qu'à lui (il avait planifié le coup quelques minutes trop tôt) et à son entêtement suicidaire (il préfère être abattu plutôt que de retourner en prison). Elle est arrivée trop tard, elle ne se le pardonnera jamais, ne comprendra jamais que – même avec Mr Dennis – elle a été trahie depuis le début. Ainsi, dans l'arrêt à l'image final, influencé par *les Quatre Cents Coups* [28], elle pourrait dire, comme Anne dans *Jour de colère* de Dreyer : « Je te vois à travers mes larmes, mais personne ne vient les essuyer. »

Remerciements : Thom Andersen, Noël Burch, Bernard Eisenschitz, Thomas Elsaesser, Margie Hanft, Michael Higgins, Alex Horwath, Kent Jones, Noel King, Nick Proferes et Fiona Villella.

Des versions de ce texte ont été publiées, sous le titre de « Für Wanda » dans Alexander Horwath/Viennale (dir.), *The Last Great American Picture Show – New Hollywood 1967-1976*, Vienne, Wespennest, 1995, p. 223-247, et (« For Wanda ») dans *Senses of Cinema* n° 22, septembre-octobre 2002.

Traduit de l'américain par Bernard Eisenschitz

[28] *Ibid*, p. 12.

Jonas Mekas, *Paradise Not Yet Lost.*

Comptes rendus

Rétrospective Nicholas Ray au National Film Theatre Londres, 1-31 janvier 2004

Going home... Nick Ray revisité

Cette fois, je suis allé voir *Lightning Over Water* (*Nick's Movie*), le film de Wim Wenders sur les derniers jours de Nick. Je l'avais évité jusque-là, pensant que je voulais préserver mes souvenirs de Nick, et non les remplacer par des images d'un homme faible, malade, mourant. Pourtant le fait d'écrire sur lui – ce que j'avais repoussé pendant trente ans – m'a amené à penser une nouvelle fois à lui et à son œuvre. Visiblement, il s'était profondément engagé dans *Nick's Movie*. Le film comptait tant pour lui qu'il lui avait donné ses derniers sursauts d'énergie. Je lui devais sans doute de contenir mes peurs et mes scrupules et de voir à quoi ils étaient arrivés, lui et Wenders.

Le film a été beaucoup plus facile à voir que je m'y attendais. C'était le Nick dont je me souvenais, bien plus que celui que j'avais vu pour la dernière fois deux mois après sa dernière opération. Cette fois-là, je savais que la maladie était sans espoir et j'avais essayé de me préparer. Je n'en avais pas moins été choqué par son aspect squelettique, sa tête rasée, son épuisement. Je m'attendais à ce que le film le montre encore plus faible et plus malade. En fait, on y trouve des lueurs de l'homme qu'il était, de son humour ironique, légèrement teinté d'autodérision, et de sa passion de communiquer qui l'amenait parfois, comme acteur, à quelque peu surjouer (Kazan, me dit-il un jour, était meilleur comédien, puis il ajouta malicieusement : « Mais on lui donnait de meilleurs rôles ! »). J'avais détecté ce trait pour la première fois en regardant des photos de nous deux ensemble. Il semblait trop intense, trop concentré. De mon côté, je révélais une solennité que je m'efforçais de dissimuler. Je compris alors que Nick avait situé notre interaction dans un cadre de sa propre invention.

We Can't Go Home Again a été une autre révélation heureuse. La première fois que je l'avais vu, il y a des années, j'avais espéré que les effets d'écrans multiples réaliseraient le potentiel de juxtaposition brechtienne que je m'attendais à trouver au centre du film sur le procès des « Sept de Chicago » (1969-1970). Mes étudiants et moi, nous avions tourné plusieurs scènes de ce film et j'avais tenté d'aider Nick à en monter la production. Lors de cette vision, j'ai pu prendre plaisir à la dynamique poétique des segments individuels de l'écran. Peut-être mon travail et mes conversations avec Ken McMullen m'avaient-ils rappelé la révélation provoquée, à l'origine, par la vision du *Chelsea Girls* de Warhol : un plan a sa propre dynamique interne ; si on le laisse se poursuivre sans l'amener à une fin imposée en le coupant dans le but de produire une signification narrative ou thématique, on lui permet de révéler sa propre poésie de durée et de changement.

Quand on pense à l'interprétation de Nick dans ces deux films hautement personnels, un mot revient à l'esprit : il était « adorable ». Un mot étrange pour décrire un personnage tellement charismatique, mais je me rappelais sa générosité quand il parlait de personnes appartenant à son passé, même de Joan Crawford ! Et cette autre fois, tard dans la nuit, quand j'enregistrais son explication des raisons pour lesquelles *They Live by Night* était resté pratiquement invisible aux États-Unis. Il me dit que RKO ne savait pas quoi faire avec le film, puis que

Howard Hughes avait racheté le studio, et comme Cathy O'Donnell n'avait pas « de gros nichons… ! » Le lendemain, il tint à désavouer ses propos. Ce qu'il avait dit sur Hughes relevait du pire ragot hollywoodien. Il se mit à parler en détail de Hughes, de la protection dont il avait bénéficié à l'époque de la Commission des activités antiaméricaines, en dépit d'une première rencontre où, convoqué dans le bureau de Hughes, il lui avait conseillé d'abandonner *I Married a Communist*. Ses histoires révélaient sa fascination pour les gens et leurs ressorts secrets, son respect pour leur complexité et leur diversité : qualités qui, me semble-t-il, faisaient de lui un si grand directeur d'acteurs.

Dans la première séquence tournée pour *Lightning Over Water*, Nick présente *The Lusty Men* avant une projection à Vassar College. Au moment où le film fut fait, des sondages et enquêtes d'opinion avaient démontré le désir commun à la majorité des Américains de posséder une maison à eux. C'est ce nouveau rêve américain qui motive, tout au long du film, Louise (Susan Hayward) et aussi son mari Wes (Arthur Kennedy), avant qu'il ne soit un temps séduit par le prestige et l'argent que lui vaut son succès au rodéo. Nick m'a raconté qu'un matin, vers la fin du tournage, il rencontra par hasard Frank Lloyd Wright. Malgré l'aigreur de leur séparation, des années auparavant, Wright rappela à Nick qu'il avait promis de lui construire un jour une maison. Après cette rencontre Nick, lui aussi, se demanda s'il devait prendre au mot l'offre de Wright et essayer de donner une dernière chance à son mariage raté (avec Gloria Grahame). Quelque chose en lui croyait au rêve national du bonheur conjugal. Un autre côté était susceptible au clinquant de la réussite, préférant jouer au poker avec Lew Wasserman et d'autres nababs et séduire stars et starlettes de Hollywood. Ce conflit est au centre dramatique de quasiment tous ses films, de cet art dont il avouait qu'il comptait plus pour lui que n'importe quel rapport humain.

Quelques années plus tard, le *happy end* de *The Lusty Men* était devenu le cauchemar suburbain de *Bigger Than Life* : destinations non visitées, maladie, ennui, extravagance provoquée par la drogue et pauvreté (Gavin Lambert, protégé et amant occasionnel de Nick, fut engagé sur le film à un salaire représentant plusieurs fois celui du professeur qui en était le héros). Nick dut aller dans l'Arctique pour porter à l'écran le bonheur conjugal, dans *The Savage Innocents*. Même là-bas, ce bonheur est menacé par des hommes qui se rendent dans un pays inconnu accompagnés de leurs lois, et non de leurs femmes. Je me faisais un plaisir particulier de revoir l'ouverture de ce film, une composition en CinemaScope si précise que les indices sonores perdent tout leur sens dans les copies recadrées, d'une rare beauté dans sa tension entre abstraction visuelle et action narrative. (David Lean dans le désert, François Girard avec le début de *32 courts métrages sur Glenn Gould*, en sont le meilleur écho.) J'ai raté le film ! Croyez-le ou non, mais une tempête de neige m'a empêché d'arriver à l'heure au NFT !

Le sommet de la rétrospective a été *Bitter Victory*, dans une nouvelle copie restaurée. J'avais vu tant de versions abrégées (celle de la sortie en Grande-Bretagne, où les distributeurs avaient éliminé toutes les scènes finales et qui souffrait aussi de quelques coupes cruciales de censure ; la copie de la Cinémathèque française, dont Nick avait organisé la projection pour Gaila et moi en appelant de New York ; des enregistrements VHS à la télévision) qu'une seule vision ne m'a pas suffi à repérer les scènes que je n'avais jamais vues. Peut-être, après toutes ces années, avais-je vu tout le métrage coupé, tantôt dans une copie, tantôt dans l'autre ? Même le retour à la scène au bar, qui encadre la rencontre gênée entre Leith (Richard Burton), Brand (Curd Jürgens) et

Jane Brand (Ruth Roman) – l'ancien amour de Leith, qu'il a abandonnée pour retourner à sa science – paraissait familière. La scène est brillante : sur le comptoir, une paire de mains miment une attaque surprise sur une position allemande, accompagnée par des effets sonores vocalisés. Je suis de plus en plus convaincu aujourd'hui que, malgré tous les dégâts infligés par les exigences du producteur Paul Graetz, c'est le chef-d'œuvre de Nick. Il y a une des plus belles musiques du cinéma mondial, et où trouve-t-on une scène plus puissante, complexe et belle que celle où Leith, laissé seul dans le désert avec deux soldats blessés, finit par « tuer le vivant » et « sauver le mort » ? C'est à ce moment, explique le compositeur Maurice Le Roux, « qu'arrive un thème tonal en sol bémol majeur, qu'on a préparé peu à peu et qui éclate simplement là et non pas (...) au générique ou un peu après [1] ». C'est une « grande mélodie » après l'anxiété provoquée par les musiques concrète, dodécaphonique et atonale qui ont précédé. Pourtant, au lieu d'offrir, à la manière d'une marche de Chostakovitch, une résolution, fût-elle de pure forme, par rapport aux passages précédents d'obscurité et d'incertitude (cf. le finale de la *Cinquième Symphonie* de Chostakovitch, sous-titrée par le compositeur « Réponse d'un artiste soviétique à une juste critique »), cette mélodie ne sert qu'à intensifier le sentiment de désespoir et de futilité, et l'impression qu'il s'agit d'un commentaire sur toute entreprise humaine.

À l'origine, Nick voulait que Chostakovitch compose la musique de *Bitter Victory* et il avait emporté un premier montage à Cannes pour le montrer aux délégués soviétiques. Ils lui répondirent qu'un compositeur soviétique ne pourrait jamais écrire la musique d'un film tellement hostile à l'idée de héros. Il y a quelques années, bavardant avec Iouri Norstein au festival d'animation de Bristol à propos des héros cinématographiques (en particulier de Rambo, je crois), je lui racontai cette histoire. Il répondit avec le dialogue de la *Vie de Galilée* : « Malheur au peuple qui n'a pas de héros. – Malheur au peuple qui a besoin de héros. »

Le hasard a voulu que, peu après avoir vu *Bitter Victory*, je regarde à nouveau des images qui avaient contribué à former la pensée de ces délégués soviétiques. J'étudiais en détail certains passages d'*Ivan le terrible* d'Eisenstein. La première partie, « prise en soi, reste peut-être le seul chef-d'œuvre d'un art, quel qu'il soit, qui incarne pleinement l'esthétique prêchée par Staline, le réalisme socialiste soviétique ». Elle se termine sur une musique triomphale, tandis que le chef héroïque est appelé à revenir au pouvoir. « Les plans de la grande figure du tsar et les petites figures du peuple, derrière et au-dessous de lui, expriment l'essence même de la relation entre le peuple et son chef [2]. » J'avais toujours pensé qu'*Ivan* venait d'une autre génération, d'une autre ère du cinéma. Pour nous, bons disciples d'André Bazin, formés au cinéma dans les années 1960, amoureux de l'intégrité spatiale, de la mise en scène en profondeur et du CinemaScope, Eisenstein incarnait tout ce contre quoi nous réagissions. J'ai compris il y a longtemps qu'en fait, nous réagissions contre une version simplifiée de Poudovkine et que nous avions totalement ignoré les idées d'Eisenstein et sa pratique de ce qu'il appelait « le montage dans le cadre ». Je découvrais soudain que, pour les cinéastes et cinéphiles modernes, *Ivan* et *Bitter Victory* appartiennent de fait à la même époque. La première partie était sortie une douzaine d'années avant le film de Nick, la deuxième – du fait de la censure stalinienne – quelque temps après lui. Mon cœur reste avec Godard, qui a fait l'éloge de *Bitter Victory* comme une définition du « cinéma moderne » ; mon cerveau comprend que c'est devenu un autre classique « très, très rapidement ».

James Leahy

Cet article est paru dans le numéro d'été 2004 (vol. 2, n° 7) de *Vertigo*, revue britannique biannuelle des médias, dont James Leahy est un des rédacteurs fondateurs.

Traduit de l'anglais par B.E.

| [1] Cité in B. Eisenschitz, *Roman américain, les Vies de Nicholas Ray*, Christian Bourgois éditeur, 1990. | [2] Richard Farnsworth, *International Dictionary of Films and Filmmakers, vol. 1: Films*.

Pour João César Monteiro « Contre tous les feux, le feu, mon feu »
Ouvrage collectif dirigé par Fabrice Revault d'Allonnes
Yellow Now, Côté cinéma, 2004, 352 p.

João César Monteiro, coffret intégral 11 dvd, Gemini vidéo éditions, 2004.

Quand le nom de João César Monteiro est apparu en France en 1990, au lendemain de la Mostra de Venise où *Souvenirs de la maison jaune* avait reçu le Lion d'argent, il était quasi inconnu en France. Et lorsque le réalisateur est mort, en février 2003, il était devenu en quelques films une sorte de référence culte du cinéma d'auteur. Mais João César Monteiro n'était pas apparu seul. Se confondant pour une large part avec son créateur, le personnage de Jean de Dieu qu'il incarnait dans plusieurs films avait marqué les esprits et beaucoup fait pour assurer la notoriété de Monteiro dans les années 1990. De sorte que s'il n'était plus un inconnu et si même une sorte de coterie s'était développée autour de son cinéma, une certaine confusion régnait, et règne toujours, dans les contours incertains de l'image du créateur et de la créature, comme entre Chaplin et Charlot. Ainsi, *le Bassin de J. W.*, film dans lequel apparaît le personnage de Jean de Dieu, mais incarné par un autre acteur, n'est généralement pas retenu comme faisant partie du cycle, et l'on persiste à parler d'une trilogie de Jean de Dieu : *Souvenirs de la maison jaune*, *la Comédie de Dieu* et *les Noces de Dieu*. Ainsi, *Va-et-vient*, dans lequel Jean de Dieu laisse la place à un autre protagoniste, João Vuvu, est annexé comme un rejeton de la trilogie, pour la seule raison apparemment suffisante que João César Monteiro y tient le rôle principal. C'est désormais Jean de Dieu que l'on voit lorsque paraît sur l'écran le réalisateur. L'étonnant charisme de l'acteur Monteiro y est pour beaucoup. Paulo Rocha le dit très justement : « Ses films ne seraient pas ce qu'ils sont sans ce corps et cette voix uniques. Il arrivait à transformer tout ce qu'il disait en un événement. »

Le livre, édité avec soin chez Yellow Now, décidé peu de temps après la mort du réalisateur et mené rondement de sorte qu'il a pu être présenté, élégant et substantiel, en janvier 2004, aide à mieux entrer dans l'intimité de l'un et de l'autre : João César Monteiro et Jean de Dieu. Un recueil de textes, tous passionnés, venant d'horizons très différents mais entretenant entre eux ce même rapport secret qui dessine dans le ciel avec des étoiles distantes les grandes constellations.

La conception de l'ouvrage, assurée par Fabrice Revault d'Allonnes et six jeunes complices

– une mosaïque de textes du cinéaste, d'entretiens avec des collaborateurs et « une approche esthétique, s'ouvrant à trois générations de cinéphiles » – était sans doute la mieux apte à surprendre, dans sa diversité, l'image insaisissable de ce cinéaste-Protée qui apparaît puis disparaît derrière son héros. Jean Narboni insiste sur ce dispositif cinématographique qui confère « à chaque moment de vie le ton d'une contre-vie » et rend, maintenant que le réalisateur est mort, « plus malaisée encore la distinction entre le cinéaste et sa créature ». Si certains intervenants ont le souci de chercher à bien différencier le cinéaste de son personnage, Victor Silva Tavares, ami de longue date de Monteiro, livre une clé culturellement bien portugaise, en voyant dans ce dédoublement (et plus, si on songe à João Vuvu dans *Va-et-vient*), un phénomène auquel Fernando Pessoa nous avait initié : « [...] Jean de Dieu ou João Vuvu ne sont pas des personnages ou des *alter ego*, ce sont des hétéronymes, parce que Monteiro lui-même est présent dans le langage, les goûts, les rêves de grandeur de Jean de Dieu et de João Vuvu. »

L'homme, le cinéaste tout d'abord ; la France a longtemps marginalisé Monteiro dans le panorama cinématographique de son pays ; c'était, outre quelques films sans descendance, avant ou après la révolution des Œillets, Manoel de Oliveira, Paulo Rocha ou António Reis qui retenaient l'attention des cinéphiles. Toute une première partie de l'œuvre de Monteiro, celle qui précède la décennie du grand cycle de Jean de Dieu, est peu connue, peu fréquentée. Il y a eu quelques projections de *Veredas* et de *Silvestre* à l'occasion de rétrospectives et de festivals mais des longs métrages comme *Fragments d'un film-aumône*, *Que ferai-je avec cette épée ?* et nombre de courts métrages ont longtemps été invisibles, voire pour certains inconnus jusque-là des filmographies.

Toute une première partie de l'ouvrage, consacrée aux textes de Monteiro, à un auto-entretien et à des témoignages de proches ou de collaborateurs nous présente l'homme ; un Monteiro nourri de culture, culture française avant tout (Rimbaud et Céline), marqué par le surréalisme, passionné de musique au point de revenir avec sa compagne, Margarida Gil, d'un voyage en auto-stop en Italie avec des centaines de disques et « capable de parler cinq ou six heures des meilleurs enregistrements de telle composition de Mozart » (Paulo Rocha). Excessif donc. Citant au nombre des cinéastes qu'il ne se fatiguait pas d'aimer : Mozart, Vermeer, Camões, Webern ou Montaigne ! Excessif en tout, lui que Victor Silva Tavares dessine « fermé, avare de paroles » écrit dans son auto-entretien : « Je suis un type férocement individualiste qui se prend pour le centre du monde et qui reste profondément convaincu que ces choses de cinéma ou de ce que vous voulez, se traversent tout seul. » Les témoignages concordent pour dire à quel point Monteiro était mal à l'aise avec une équipe de tournage. « João César n'a jamais aimé la machinerie du cinéma. [...] Sur tous les tournages il souffrait, c'était une épreuve pour lui », confie Margarida Gil. Il était à ce point mal à l'aise avec une production même courante qu'il cherchait sans cesse à réduire l'équipe (c'est peut-être une des clés de sa préférence pour le tournage en lumière naturelle) et se sentait heureux dans la quasi-solitude de la salle de montage. Dans ce livre qui évite heureusement les nombreuses anecdotes qui ont poursuivi Monteiro sa vie durant, les allusions à des tournages brusquement interrompus, repris avec une autre équipe, ou dans un autre esprit, courent au long des pages et des textes comme un leitmotiv. Mais le plus intéressant, c'est cette convergence des témoignages pour donner de Monteiro l'image d'un chercheur inquiet, tourmenté de beauté, de poésie, de vérité et d'exigence morale.

Les différents éclairages permettent de s'approcher de cette personnalité violente tout en lui gardant son mystère. Quelle relation Monteiro entretenait-il, par exemple, avec ses acteurs qu'il choisissait avant tout parmi les non-professionnels ? Paulo Rocha écrit : « J'ai aussi toujours été choqué de voir le peu de place qu'il laissait à ses acteurs. Comme si personne ne pouvait avoir le moindre talent en jouant face à lui. C'était une sorte d'illuminé, et les autres passaient pour des idiots. Il n'y avait pas là un rapport d'échange ou d'écoute de sa part. » À quoi Luis Miguel Cintra, seul acteur professionnel avec Manuela de Freitas à avoir participé à presque tous les films de Monteiro, tout en reconnaissant la difficulté de jouer avec l'acteur Monteiro, revient à plusieurs reprises sur ce point : « Je crois qu'il avait un amour pour les gens qu'il choisissait. Il les voyait comme des êtres exceptionnels et il voulait que sa caméra soit capable de les montrer comme ça. » Il parle aussi d'un « regard passionné et tendre » envers ceux qu'il filme. Manuela de Freitas cerne assez bien l'éclatement de cette personnalité et le caractère déroutant de Monteiro en terminant ainsi son entretien : « Il a fait parfois des choses terribles, mais il était très humain. Il y avait une incroyable humanité chez João César. »

Dans la seconde partie de l'ouvrage, « Monteiro à l'écran », les regards se portent sur l'œuvre et convergent plus particulièrement sur les films qui ont suivi la révélation de *Souvenirs de la maison jaune*. João Bénard da Costa immerge sa lecture de Monteiro dans le contexte culturel portugais et montre, par l'abondance des références et des pistes esquissées, que l'on n'en finira jamais de décrypter ces œuvres et que, plus on avance, plus on reste confondu par le sentiment de la pluralité des lectures et de leur complexité. Chaque texte s'attache, selon le regard de son auteur, à montrer l'évolution qui va de *Souvenirs* à *Va-et-vient*. Malgré la diversité des regards portés, c'est ce qui concerne la ritualisation du désir, voire sa sacralisation, qui s'impose comme le fil conducteur des différentes contributions. Le cinéma de Monteiro ritualise le réel, et ce rituel qui prend corps dans le cheminement vers l'objet du désir en constitue l'essence. Pour Fabrice Revault d'Allonnes la loi du désir « aimante » toute l'œuvre et le critique retrace l'itinéraire qui mène du « désir insoumis » dans *Souvenirs* au « plaisir souverain » des films de la fin. C'est un itinéraire spirituel de « l'adorateur éperdu de jeunes filles » (de jeunes filles « sans qualités », préciserait Alain Bergala, car « ce qui l'intéresse, c'est l'essence de la “jeune fille” comme figure matricielle de son fantasme ») que retient Jean Narboni pour qui les rituels fétichistes sont autant d'« exercices spirituels » et « témoignent de l'aspiration à une forme de sainteté, sans doute dévoyée, inconvenante, blasphématoire, mais cependant une sainteté ». Que ce chemin passe par la théâtralisation de la mise en scène ou par la peau des femmes, il est celui d'un homme qui considère avec orgueil que son expulsion du paradis, ou du monde, était décidée par lui et qui choisit le pays cinéma pour s'y faire une place (Marcos Uzal), pour y « dessiner des aires personnelles d'enchantement » (Jean Narboni). Mais donner à cet itinéraire la gravité de *Pickpocket* serait bien mal rendre compte de l'étrange grâce burlesque qui est comme la signature du réalisateur. Aurélien Py se livre à une analyse très fine qui rapproche jeu et rituel et note que « rituel et bouffonnerie sont [...] indissociables. [...] Jean de Dieu est alternativement, voire simultanément, l'ordonnateur du rituel et le bouffon qui le perturbe ».

Chaque auteur est si touché par son propos qu'il a trouvé les mots les plus justes et, en donnant à ce livre sa vie et sa nervosité, nous permet de mieux comprendre la fascination qu'exerce sur nous João César Monteiro. Toutes ces pages, tissées de rapprochements, d'idées, de pistes de lectures, loin d'enfermer l'œuvre dans « une » lecture, donnent le sentiment de sa plénitude. Peu de cinéastes ont été si bien servis.

Dans le cas de Monteiro, la mort a, comme souvent, décidé toute seule du point final à mettre à une œuvre loin d'être achevée. Le cinéaste était au moment de *Va-et-vient* en pleine possession de ses moyens créateurs. La mort, encore elle, a travaillé aussi à dessiner le contour de *Pour João César Monteiro* ; Jean-Claude Biette, dont la disparition a suivi de quatre mois celle de Monteiro, devait faire partie de l'équipe. L'ouvrage lui est dédié.

***

Juste avant la parution de l'ouvrage chez Yellow Now, Paulo Branco éditait l'intégrale des films de João César Monteiro dans un coffret de onze DVD. C'est le fruit d'un travail exceptionnel. Tout, absolument tout de l'œuvre du réalisateur est à notre portée maintenant : les films longtemps considérés comme perdus sont édités dans des copies restaurées et les courts métrages sont tous là, la parfaite et lyrique *Balade avec Johnny Guitar* et *le Bestiaire ou le Cortège d'Orphée*, summum de l'esthétique de l'imprévisible, mais aussi certaines bandes inconnues, comme ce *Conserva acabada* de 1989, détournement ironique du titre *Conversa acabada* que João Botelho avait donné, en 1981, à son film sur Fernando Pessoa. On peut voir dans d'excellentes conditions *Celui qui attend les souliers d'un mort...*, œuvre fondatrice, où apparaît le personnage de Lívio, incarné par Luis Miguel Cintra et qui retrouvera Jean de Dieu, vingt ans plus tard, à l'asile et sous les traits d'un envoyé providentiel à la valise pleine de billets de banque, et découvrir avec *Que ferai-je avec cette épée ?* la première apparition de Nosferatu dans la mythologie personnelle du cinéaste. L'entreprise est superbement réussie, ce qui légitime d'autant plus le regret que les entretiens avec les collaborateurs, les comédiens ou les critiques n'aient d'autres sous-titres qu'anglais et que les deux entretiens audio de Monteiro n'en aient pas du tout. On peut également, vu la taille imposante du coffret, ne se procurer que *Va-et-vient* ou le cycle de *Jean de Dieu*, dans des éditions séparées.

Comme ces livres dont João Vuvu explique à la jeune employée, sidérée par leur nombre sur les murs de l'appartement du retraité, qu'ils sont les gardiens de « secrets qu'ils ne nous livrent pas », *Pour João César Monteiro* et l'intégrale en DVD sont aussi désormais sur nos étagères « pour tenir compagnie ».

Jacques Parsi

Eugène Green
Présences. Essai sur la nature du cinéma
Desclée de Brouwer-Cahiers du cinéma, 2003
(272 p. + un CD audio)

Pourquoi avoir inventé le cinéma ? La question, qui aurait dû hanter les historiens et les critiques – parce que la réponse ne va pas de soi, parce qu'elle engage beaucoup, parce qu'elle reste irrésolue –, n'a que rarement été posée de manière frontale. Dans son panorama géant de trois quarts de siècle de cinéma, Gilles Deleuze esquisse une réponse implicite (qui est au fond la plus fréquente) : le cinéma s'est imposé comme une nouvelle modalité des arts de la fiction ; il a pris sa place dans un ensemble de pratiques et de productions qui avaient pour visée commune de faire découvrir en représentant : de dire quelque chose (sur le monde, sur la société, sur l'homme, sur un homme en particulier) par le biais des images, c'est-à-dire par le biais d'un artefact pourvu d'une longue histoire, conventionnellement accepté, et auquel le cinéma n'ajoutait qu'une modalité, certes importante, le mouvement (ou – différence décisive dans son optique – le temps). Difficilement contestable. Mais cela laisse la question presque entière : pourquoi a-t-on besoin de ce détour par les images et par la fiction ? comment en est-on arrivé à considérer comme des penseurs les artistes du cinéma ? comment se fait-il qu'une vue Lumière soit ressentie comme tellement plus qu'une simple documentation sur un fragment du monde bourgeois de 1900 ?

Lorsque, dans un article célèbre, André Bazin affirme que « le cinéma est un phénomène idéaliste [1] », il peut passer pour provocant au regard de la *doxa* marxisante de l'après-guerre (son article est un commentaire du premier volume de l'*Histoire du cinéma* de Sadoul), mais sa thèse – que le cinéma est né pour actualiser un vieux « mythe », celui du « cinéma total » – ne fait que déplacer le problème. Le cinéma répond à un vieux rêve de l'humanité : soit. Mais d'où vient ce rêve de « cinéma total » ? La raison doit être assez fondamentale pour justifier tant de lents progrès, tant de tâtonnements – et tant de fascination. La seule explication satisfaisante qui ait jamais été proposée, à ma connaissance, c'est que le cinéma est un moyen de penser – prolongeant la capacité de penser des images de la peinture, ou, peut-être, un pouvoir de pensée propre à l'art. C'est l'aboutissement de *l'Image-temps*, mais avec une définition assez singulière de la pensée, et une restriction pessimiste sur notre capacité même à penser. C'est, de manière plus optimiste sous ses apparences irréalistes, presque fantastiques par moments, le credo de Jean Epstein ; c'est, moins dégagé d'une perspective encore traditionnelle sur l'histoire de l'art, l'obsession d'un Eisenstein ; c'est le moteur de toute l'entreprise de Jean Louis Schefer (autant dans les pages qu'il a consacrées aux images préhistoriques que dans ses textes sur le cinéma) : le cinéma est une invention de toute première importance, parce qu'il permet de continuer l'entreprise de la littérature et celle de la peinture (voire celle du théâtre) avec des moyens plus radicaux, plus complets, plus proches du fonctionnement réel de la pensée humaine, rêve, mémoire et inconscient inclus. Le cinéma, s'il a une vertu humaniste, ne la doit qu'à cette capacité de penser.

L'intérêt du livre d'Eugène Green, et sa grande force (ou sa faiblesse, si on n'a pas de sympathie pour son approche), c'est d'offrir une réponse, radicale elle aussi, mais passablement différente, à cette vieille question. Pourquoi le cinéma a-t-il été inventé ? Parce qu'il y a, dans notre monde, un phénomène mystérieux mais essentiel : la présence, et que le cinéma, moyen plus récent, mieux adapté à notre âge, plus puissant que d'autres pour montrer le monde, a en outre une capacité authentique, intrinsèque, essentielle et *naturelle* de rendre cette présence. De la rendre, et pas seulement d'en rendre compte. Ce n'est pas loin de la thèse de Bazin, si l'on veut – qui fait du cinéma l'outil d'une reproduction quasi parfaite du monde, ambiguïté immanente incluse –, mais amplifiée et surtout, complétée d'un axiome ontologique encore plus absolu : le cinéma a été inventé comme cinéma total, c'est-à-dire comme mode d'expérience donnant accès à une plénitude, à une totalité du monde, mais cette totalité du monde doit être conçue comme incluant une part qui n'est pas accessible aux sens, ou pas de la même manière que le monde sensoriel. Cette part, c'est la « présence », et elle est le sujet, et aussi le motif, de cet ouvrage.

J'insiste un peu, car le livre travaille beaucoup à n'être pas ambigu sur ce point. Pour Green, il y a bel et bien, dans le monde où nous vivons – le monde physique – des présences spirituelles latentes, sous-jacentes, et qu'il ne faut pas qualifier de « cachées », parce qu'elles savent très bien se rendre apparentes. Nous les trouvons d'abord dans la première partie du livre, intitulée sobrement *Fantômes*, et où l'auteur nous rapporte des expériences personnelles de contacts avec des revenants. Une sensibilité extraordinairement affinée est à l'œuvre ici, conjuguée avec pas mal d'humour, et la combinaison arrive fort bien à convaincre de la réalité de ces rencontres avec des esprits frappeurs, marcheurs, crieurs, soupireurs, lamenteurs et j'en passe. Quiconque a mis les pieds au Studio d'art contemporain du Fresnoy, à Tourcoing, ne manquera pas d'être saisi d'apprendre que ce site de l'ultramoderne est hanté, et gravement ; mais par-delà l'anecdote, ces pages savoureuses délivrent le cœur du message : notre présence dans le monde ne prend tout son sens que si elle tient compte de ces autres présences, invisibles sinon indirectement, accessibles à la seule sensibilité, pas à la raison, et qui sont une part précieuse, peut-être la plus précieuse, de notre expérience.

On reconnaît là une position identifiée depuis toujours au romantisme, dans sa teinte religieuse, c'est-à-dire au romantisme allemand – celui de Hölderlin, de Novalis, de Schelling surtout. L'artiste est cet être spécialement doué qui sait faire taire la raison (l'« atticisme », dans le vocabulaire assez singulier de Green) et laisser parler la sensibilité, le cœur, mais aussi bien la croyance, la foi. Foi en la présence réelle – et le vocabulaire religieux est à prendre au sérieux, sinon à la lettre, puisque « présence réelle » est une expression consacrée par la tradition chrétienne [2]. Il s'agit de croire que, dans certains morceaux du monde naturel, de la *phusis*, autre chose est présent – actuellement présent, réellement présent, substantiellement présent. Mais cette autre chose, ce n'est pas, comme dans le christianisme, une transcendance, encore moins une vérité (révélable). Il ne s'agit pas de réactiver l'idée judéo-chrétienne du « *posteriora videbis* », la vieille admonition divine : « tu ne me verras pas face à face en ce monde, tu ne me verras que de dos », idée à laquelle un Chesterton a fait le sort que l'on sait. La présence que cherche, et trouve, Eugène Green, est une présence intramondaine, non divine. Ces revenants qui viennent l'empêcher de dormir au Fresnoy ou à la Chartreuse de Villeneuve-lès-Avignon, ce ne sont ni des anges ni des démons, encore moins des divinités. Ce sont des « énergies » flottantes, qui demeurent dans le monde physique, en vertu certes de lois inconnues, mais de lois *du monde* ; nous avons tendance à parler de surnaturel à leur propos, mais ce sont des phénomènes très naturels.

Répondant à cette entrée en matière (si j'ose dire) saisissante, la dernière partie, intitulée *le Signe*, reprend la même conviction, mais élargie : ce qui est présent dans le monde ne se limite pas à des esprits revenants, ni même à des « énergies » flottantes et qu'il faut capter. Le monde est tissé de signes, ou plus exactement, de présences signifiantes, et la tâche du cinéma, c'est de les transmettre, de les rendre perceptibles pour un spectateur, « de sentir, par rapport à ce qu'il cherche à représenter, une présence signifiante, et de filmer l'élément où elle se manifeste de sorte qu'elle devienne appréhensible » (p. 239). Tous les termes de cette définition remarquablement économique sont à souligner : le cinéaste est un être doté de sensibilité, il *sent* la présence ; cette présence est signifiante, mais *relativement* à quelque chose qu'on *représente* ; l'art du cinéma consiste à filmer ces présences de manière à les transformer en *signes*, c'est-à-dire en phénomènes *directement* appréhensibles, sans détour par une convention, un dictionnaire ou un répertoire. On reconnaît aisément, dans l'opposition que tracent les dernières pages du livre, entre signe et symbole, une approche peircienne ; comme l'inventeur américain de la sémiotique, Green distingue férocement le signe, « fondé sur la captation dans la matière d'une énergie, celle de la présence cachée » et le symbole, lequel « naît d'une feinte et résulte toujours d'une intention précise et intelligible ».

La conception du cinéma qui s'offre ici est, on s'en doute, exigeante et restrictive ; elle exclut, tout simplement en la passant sous silence, l'énorme proportion des films qui ne sont que symboles – et le plus souvent, plats symboles. Elle est même sévère (quoique – si on me passe l'oxymore – avec indulgence) pour de très grands films de grands maîtres, dont Green admire l'œuvre mais la juge inaboutie. En effet l'art, si génial, si magistral soit-il, n'est jamais que l'art. Les chefs-d'œuvre peuvent être, en fin de compte, décevants, parce que la présence qu'ils nous offrent n'est qu'une présence symbolique, et non la présence réelle, celle de l'énergie revenante et errante, celle de l'univers, de l'esprit. L'expérience spirituelle qu'a incarnée l'art chrétien, que Green connaît et aime, a changé de nature avec la fin du Moyen Âge et le début de l'âge baroque : à partir du moment où, « dans une société qui reste encore profondément spiritualiste, le monde de la matière se constitue en réalité indépendante » (p. 154), les artistes ne peuvent plus représenter le sacré que comme une réalité *cachée* dans la matière, et donc, la symboliser au lieu de la faire sentir et apercevoir. C'est ainsi que *Ordet* (*la Parole*) de Dreyer pèche par incapacité à représenter le miracle, en restant trop soumis à la matérialité gênante du jeu des acteurs (surtout l'enfant), en ne cherchant pas à « traduire le vent invisible par l'eau qu'il sculpte en passant » (Bresson). C'est ainsi que *le Tour d'écrou*, de Henry James, « n'est pas un sujet cinématographique parce que ce qui s'y raconte ne peut être rendu visible » (p. 179). La passionnante discussion sur cette œuvre, qui part d'une définition, extraordinaire d'acuité et d'humeur, du puritanisme, éclaire davantage encore que la discussion sur Dreyer ce que c'est que la présence – et combien la présence symbolique est différente de la présence réelle, au point de lui être presque opposée (pour le puritain, Dieu n'est dans le monde que comme présence symbolique, tandis que le Diable y est comme présence réelle ; je vous laisse découvrir la suite).

Intercalées entre ces chapitres qui abordent directement le cinéma, d'autres expériences, de l'art ou de la vie, font écho à l'ouverture et à ses présences fantomatiques. Au début du livre, la partie intitulée proustiennement *À la recherche de la présence cachée* recense quatre moments de littérature, de poésie (et un peu de peinture), juste avant et juste après l'invention du cinématographe, et où se lit une même obsession de la présence, et une même difficulté à la rendre, dans un moyen d'expression devenu trop matériel. Je ne puis rendre justice à ces pages, entre autres parce que, je ne l'ai pas encore dit, ce livre est écrit, à quelques coquetteries près, dans une langue d'une grande pureté et d'une grande tonicité : on y a le sentiment, rare, de respirer. La photographie de portrait du XIXe siècle, chez ses maîtres (Nadar pour les personnes, Atget pour les villes) ; l'idéal réaliste-impressionniste de Flaubert et Monet, lu comme un effort pour traduire la double nature, esprit et matière, du langage ou de la peinture ; le symbolisme de Mallarmé, parce qu'il s'est rendu compte que « dans le monde où il vivait le verbe captif ne pouvait plus s'incarner directement » et que « son salut, et donc aussi celui du poète et de l'homme, passait par l'image » (p. 110) – et aussi celui de Maeterlinck, Claudel, Segalen, surtout Segalen ; enfin un Proust assez inattendu, non pas le virtuose de la phrase longue, non pas l'homme de la méditation sur l'art et le temps, que Green juge banale, mais le créateur d'une « cohue de fantômes » accomplissant sa visée, d'échapper au temps par la présence fictionnelle. Il ne s'agit pas de déduire platement, de ces quatre moments de l'histoire intellectuelle et artistique autour de 1895, que le cinéma « était dans l'air » ; bien plutôt que, dans leur douloureux effort pour échapper au pur matérialisme du siècle, la littérature et l'art étaient handicapés par la difficulté de marier le signifiant – seule donnée matérielle que l'artiste travaille – et l'esprit, et que c'est à cette aporie que le cinéma allait apporter sa solution, au fond, miraculeuse.

Eugène Green m'a d'abord été connu, comme à bien d'autres, par son travail étonnant sur le théâtre baroque français [3]. Son Théâtre de la Sapience a proposé, au milieu des années 1990, des mises en scène de Corneille qui heurtaient à peu près tout des façons habituelles et reçues de monter Corneille. Langue, prononciation, rythme, gestes, occupation du lieu, scénographie, tout était autre, dans une visée de reconstitution, non pas exacte ni exactement archéologique mais spirituelle. Il s'agissait, un peu comme dans le mouvement baroquiste en musique, mais avec davantage encore de partis pris et de radicalité, d'« oublier » autant que faire se pouvait l'embourgeoisement qu'avait subi ce théâtre, et de donner une idée de la manière dont il était apparu à ses premiers spectateurs. Green reste encore foncièrement un homme de théâtre (piètre compliment, en général, à faire à un cinéaste, mais je vais corriger), en ce sens qu'il est éminemment sensible à la force d'un lieu, à sa vertu. Le récit qu'il fait, dans l'avant-dernière partie de son livre, d'un atelier tenu à Erice, en Sicile, et de la suite de circonstances qui l'amena à éprouver, là aussi, quelque chose de l'ordre d'une présence – non plus de fantômes, mais de forces divines (païennes) – éclaire, autrement que l'enquête sur l'histoire de l'art, mais de façon convergente, ce qu'il attend du cinéma : celui-ci, « prenant comme matériel brut le monde naturel, peut rendre appréhensible cette présence réelle dans des fragments filmés du monde, là où le spectateur, voyant ces mêmes éléments dans ce qu'il prend pour sa réalité, n'aurait aperçu que de la matière » (p. 204).

Une telle conception du cinéma est-elle universalisable ? Est-elle seulement communicable ? Ne s'agit-il pas d'une pure utopie ? De même que l'auteur, en somme, a été le seul a entendre les pas du « revenant » (lui-même ?) qui l'accompagnait lors de telle promenade nocturne dans Prague enneigée, le cinéaste n'est-il pas le seul à sentir les signes qu'il croit offrir ? C'est évidemment la limite, et le défi qu'elle appelle. À plusieurs reprises, Eugène Green fait état d'une admiration pour Bresson qui ne saurait surprendre. Ses propres films, à la tonalité si personnelle (par leur évident humour, celui par exemple des anachronismes et autres incongruités du *Monde visible*, et surtout, par leur indéfinissable mais prégnante chaleur), ne dissimulent pas ce qu'ils doivent au maître du *cinématographe* : sobriété des cadres, économie du jeu (mimique et déplacements) des acteurs, étrangeté voulue et sensuellement distanciante de la diction. Mais, comme ceux de Bresson, ses films supposent un spectateur indéfiniment sensible, réceptif, vibrant, empli d'une présence suffisante pour faire écho à la présence des signes du monde, et pour les accueillir. Bref, ce qu'on pourrait légitimement appeler un cinéma de poésie, si l'expression n'avait déjà reçu tant (trop) d'autres significations.

Au reste, il ne s'agit ni d'une proposition théorique, ni d'un manifeste, et Green ne veut ni faire la promotion de son propre cinéma, ni prôner une certaine façon de filmer. Le disque d'accompagnement du livre – excellente introduction à la sensibilité de la présence, le sonore y étant plus propice que le visuel – inclut Bresson et Green, mais aussi Truffaut (*l'Enfant sauvage*) et Béla Tarr (*les Harmonies Werckmeister*), et aurait dû inclure Bergman (*le Silence*) : ce n'est pas le choix d'un sectaire. Ce livre est donc, ni plus ni moins, ce que dit son sous-titre : un essai. Au sens actuel de ce mot, sans doute : une proposition personnelle, qui ne se légitime que d'elle-même et revendique son arbitraire éventuel. Mais aussi, et davantage, au sens plus ancien que lui conférait à la fin du XVIe siècle son inventeur en littérature ; ce n'est pas hasard si Montaigne [4], et le récit de ses « essais », de ses expériences vécues, est si souvent convoqué dans ce livre. L'essai, c'est donc trois choses : une thèse personnelle, dont l'arbitraire est d'emblée revendiqué et comme justifié ; une expérience de vie ; une tentative, dont on n'est jamais sûr qu'elle soit aboutie. C'est en ces trois sens, indémêlables, qu'il faut lire ce beau livre, l'un des très rares livres sur le cinéma qui, outre l'intelligence et ses plaisirs propres, offre celui, exceptionnel, d'entendre une *voix*.

| [1] A. Bazin, « Le mythe du cinéma total », *Critique*, 1946 ; repris dans *Qu'est-ce que le cinéma ?*, vol. 1, Cerf, 1958, p. 21. | [2] « [Dans l'eucharistie] sont contenus *vraiment, réellement et substantiellement* le Corps et le Sang conjointement avec l'âme et la divinité de notre Seigneur Jésus-Christ, et, par conséquent, le Christ tout entier » ; « cette présence, on la nomme "réelle", non à titre exclusif, comme si les autres présences n'étaient pas "réelles", mais par excellence parce qu'elle est *substantielle* [...] » *Catéchisme de l'Église catholique*, 1998, § 1374. | [3] Voir son livre *la Parole baroque*, Desclée de Brouwer, 2000. | [4] Je suis de ceux qu'irrite et étouffe la manie contemporaine de citer les noms propres dans leur graphie la plus « originelle » possible, quitte à ne plus savoir les prononcer, et qui rêvent de la liberté des époques où l'on pouvait rebaptiser Michelangelo Michel-Ange et Raffaello Raphaël, où l'on écrivait Outamaro un nom qui ne se prononce pas Utamaro, et où Mao se prénommait encore Tsé-Toung et pas Zedong. Pour autant, je ne suis pas sûr d'approuver absolument la décision d'Eugène Green d'écrire systématiquement Montagne au lieu de Montaigne. L'histoire, tout de même, a tranché sur la graphie de ce nom – même si tout le monde sait que *montaigne* est la vieille façon d'écrire montagne.

André S. Labarthe,
Du premier cri
au dernier râle,
Crisnée, Yellow Now,
Côté cinéma, 2003,
89 pages.

Le Triboulet –
Cinq rencontres
avec André S. Labarthe,
Centre des arts d'Enghien-les-Bains/
Filigranes Éditions, 2004,
104 pages.

Connaissez-vous André S., dit ASL ? Question gigogne : parlez-vous le Labarthe ? Ce n'est pas que les traces de son passage ou les signes d'existence manquent, au contraire, et c'est même pour une part ce qui empêche de faire le tour d'un homme et d'une filmographie à la Allan Dwan. Ce n'est pas que les mots et les écrits font défaut, loin de là, mais peuvent-ils absolument aider quand le principal intéressé avoue par exemple : « Certains matins, devant ma glace, je me demande *qui* je rase [1] » ?

Sans en repasser alors par les quelques étapes plus ou moins connues de sa bio-chronologie (collège de jésuites, lecture de Lautréamont, la Cinémathèque de Langlois, les *Cahiers* de Bazin), on dira sans prendre de risque et juste pour commencer à s'orienter : « écrivain de cinéma » et cinéaste. Et les deux livres qui paraissent presque coup sur coup témoignent exactement de la libre permanence de l'un et l'autre de ces penchants :

Du premier cri au dernier râle (mon Dieu, quel titre !), collection de quelques-uns de ses textes parus dans les années 1990, et *le Triboulet* (c'est quoi un « triboulet » ?, voir définition page 1031 de mon dictionnaire), entretiens donnés à la même époque et qui regardent l'aventure au long cours des deux grandes séries (« Cinéastes de notre temps » et « Cinéma, de notre temps »), les films « dansés » (*Carolyn Carlson Solo*, *Sylvie Guillem au travail*, *Ushio Amagatsu – éléments de doctrine*, etc.) et d'autres encore (son *Hitchcock*, son *Van Gogh*, son *Sollers*, son *Artaud*, etc.). Deux ouvrages donc qui recueillent des éclats de vie, deux recueils qui nous disent à peu près à quoi ASL a occupé une belle partie de son temps durant les dernières années du siècle précédent, une décennie aussi – et tous les textes et propos, ou presque, en sont comme obsédés – marquée en son exact milieu par la célébration, l'enterrement dirait Labarthe, de l'invention du cinématographe par les frères Lumière. On va y revenir, forcément. Mais à lire l'un et l'autre opuscule, on voudrait dire avant comment ce touche-à-tout impénitent, cet adepte des personnalités multiples, fait son unité tant il revient chaque fois ici et là une même manière, une belle singularité.

Dans l'adresse d'abord : qu'il parle ou qu'il écrive, et qu'il écrive un article ou un commentaire à faire dire à son double Jean-Claude Dauphin, ASL s'adresse vraiment à son auditeur réel ou son lecteur imaginaire. Partout, un vouvoiement courtois et impératif : « Regardez », « Prêtez l'oreille », « Lisez attentivement », et même un tutoiement en ouverture du *David Cronenberg*, emprunté aux *Chants de Maldoror* et rappelé ici dans l'une des conversations publiées : « Âme timide, avant de pénétrer plus loin dans de pareilles landes inexplorées, dirige tes talons en arrière et non en avant. » Labarthe a fait sienne cette « science des effets » héritée en droite ligne de Poe et de Hitchcock, une science qu'il décrit admirablement dans le premier entretien du *Triboulet*, un art du suspens et du suspense, un sens de l'hypnose au risque (pour nous) de rendre les armes avant que d'avoir combattu. ASL pratique la « direction de lecteur » qui participe de son plaisir d'écrire, un plaisir qui culmine dans *Du premier cri...* avec son « sujet d'examen » sur les *Histoire(s) du cinéma* à l'attention d'étudiants imaginaires : « Évitez d'interroger les maîtres à penser que vous vous êtes donnés... », « Ne vous laissez pas intimider par l'objet que vous étudiez », etc. Daney faisait parler les films, Skorecki pratique le dialogue avec un autre lui-même, Labarthe parle à celles et ceux qui le lisent, il fait de l'autre son sujet.

Fond et formes confondus, ensuite. Il faut lire le texte « Quelque chose de la peinture » (*Du premier cri...*), un texte rare parce que laissé volontairement à ciel ouvert, l'auteur refusant doucement d'organiser la résolution du problème esthétique qu'il pose avec un soin infini, laissant seulement entrevoir les noces secrètes d'arts voisins et finissant sans avoir posé la moindre clôture. Étrange cas d'une énigme non élucidée par l'enquêteur lui-même, « Quelque chose de la peinture », toutes proportions gardées, c'est l'effet *Blow-up* en littérature.

Et puis à le lire encore, le portrait se dessine – du moins, on imagine qu'il se dessine. On pense alors qu'ASL est un « marginal » si l'on en croit son apologie des marges, son goût pour les « voyages aux confins » (du cinéma seulement ?), cette façon qu'il semble avoir toujours eu de n'être d'aucune école et encore moins d'une université. Pourtant, quoi qu'il dise de certains films à la marge justement, « films sans famille, c'est-à-dire sans ascendance, sans descendance et sans ressemblance », Labarthe est quand même aussi et surtout un héritier, un fils loyal : fidèle à Bazin et à Renoir, reconnaissant aux Lumière et sur ce point même, gardien du temple. Non, ASL serait plutôt un « humeuriste » si le mot existait, et il suffit de lire sa lettre intempestive en guise de réponse à la question portée au frontispice du très copieux numéro 50 de *Trafic* (« Qu'est-ce que le cinéma ? ») pour s'en convaincre. Labarthe ne cesse de ferrailler quand tant d'autres travaillent à émousser la lame de leur pensée sous couvert de paroles toutes faites et de textes gavés aux hormones de la culture. Lui dit : « Je lutte contre l'envahissement de l'image, ma grande ennemie », lui pratique l'interpellation vengeresse [2], lui jouit de la violence d'un Moretti et se paye le luxe d'emmerder l'emmerdeur en faisant silence quand il vient pourtant l'« interviewer » (« *Ma è l'unica domanda ?* »/« C'est votre seule question ? »), lui se fait refuser le *Van Gogh à Paris* commandé par Orsay, lui ne tient dans aucune grille TV, lui écrit vite et bref parce qu'il se donne le temps de faire court, lui filme tout le temps des pieds et, quand il peut, les met dans des bouches, lui rêve de noces infâmes avec tous les infréquentables de la littérature et du cinéma, Bataille, Artaud, Buñuel. Bref, il attaque, il décape, provoque et espère la réplique, surtout ne se plie pas au monde et au cinéma comme ils vont. C'est sa force sans doute, même si on n'est pas tenu de suivre en pensée le joueur de flûte jusqu'au fleuve.

C'est que pour Labarthe, et il n'en démord pas, le cinéma est mort ou se meurt, c'est-à-dire morte « l'histoire du cinéma, ou plutôt [le] cinéma comme histoire ». Plus précisément : « Qu'est-ce qui meurt, qu'est-ce qui n'en finit pas de mourir, sous nos yeux, depuis vingt ou trente ans ? » Réponse : « le cinéma à vapeur », un art né un jour de sortie d'usine et d'entrée en gare, un cinéma du réel, et même du concret, éblouissant, indélébile, à l'encre rétinienne, mais un art fatigué aujourd'hui, « asthmatique » et mourant depuis… depuis quand au fait ? « Depuis combien de temps faisons-nous antichambre ? Dix ans ? Vingt ans ? Trente ans ? Tiens, comme par hasard, l'assassinat de Kennedy est contemporain de la grande secousse dont le cinéma ne s'est jamais remis : la fiction cernée par le documentaire. » Après, ce serait autre chose, « un art de l'image », un cinéma virtuel. De celui-là, il ne dit pas qu'il ne vaut rien ou pas grand-chose, mais il le pense très fort. En somme, ASL, héraut de la modernité, reconduit en aval, *mutatis mutandis*, la coupure historique d'un Lourcelles dans son *Dictionnaire du cinéma*, sauf à y ajouter Antonioni et Godard (et d'autres évidemment, Eustache, Rohmer, etc.). Et en amont donc, l'effet irradiant pendant des décennies et tous azimuts de la projection au Grand Café. Découvrant des films Lumière un soir de fin de siècle, Maxime Gorki n'y voyait pour sa part que « l'ombre de la vie » et un monde « d'un gris monotone », considérant dès 1896 le cinéma comme une machine bien imparfaite, au devenir d'emblée incertain. ASL, lui (et il n'est pas le seul), a vu les films Lumière et tous ceux qui en découlent, et les trouve à l'inverse et pour toujours incandescents, brillants, d'une clarté qui éclaira longtemps les hommes dans le noir avant de décliner sans fin. Un cinéma depuis lors au « calvaire » sans espoir d'en repasser par la case « résurrection », et cet art du mouvement supposé à perte de vue, rien d'autre qu'une parenthèse d'une soixantaine d'années : « la parenthèse Lumière ». Autant dire qu'il s'entend justement avec les deux frères « abat-jour » et le Godard des *Histoire(s) du cinéma* pour jouer au chef de gare (« Terminus, tout le monde descend ! ») et décréter le septième art « une invention sans avenir ». Et de là d'ailleurs la passion de cet inlassable découvreur, remarquée au fil de la lecture, pour la marche arrière, ce goût du « à rebours » et la tentation d'un retour à l'origine. Laquelle ? Celle du « premier cri », celle du premier film : « … quand on va un petit peu plus loin, on s'aperçoit que tout le cinéma était déjà là dans ce millier de vues, qu'il était même déjà là dans les films tournés le premier jour du cinématographe [3].» De la même façon, il admire Edgar Poe qui écrit *le Corbeau* en partant de la fin pour finir par le début, cite

Lautréamont qui invente avant Cocteau « le plan à reculons », construit le *Amagatsu* en flash-back et monte ses films à l'envers, d'aval en amont.

En un sens, Labarthe a raison. Et comment pourrait-il en être autrement : si le cinéma est darwinien, comment n'évoluerait-il pas jusqu'à la métamorphose ? Pourquoi diable resterait-il le même ? Comment ne pas voir aussi que l'évolution de cet art industriel se fait sous le coup et le joug d'une économie globale qui transforme et dénature le réel filmé en image marchande ? Comment ne pas constater que l'image de cinéma n'est plus que la partie d'un tout, un « tout-à-l'image » ? Mais pourquoi aussi le cinéma serait-il épargné dans le meilleur des cas par les cycles et périodes qui traversent et renouvellent l'histoire de tous les arts et, au pire, par des forces qui le dépassent ? Et pourquoi alors ne vient-il pas à l'idée aussi systématiquement de considérer la peinture, la photographie ou n'importe quel autre art comme morts eux aussi du simple fait que toute leur histoire est heureusement faite de ruptures, de changements et de révolutions, et toujours seulement le cinéma, cela depuis sa naissance ? De même, difficile d'accepter que la suite tout entière ou peu s'en faut, cet « autre chose » sans nom n'en soit pas, du cinéma justement, même s'il n'en passe pas forcément par les mêmes canons. Comme au temps d'un cinéma du réel supposément terminé, il y a là aussi à choisir et à trier, et peu importent les périodes, les genres et les manières, les documentaires ou les fictions, les supports et les lieux de la projection. Car ce qui change en fait, plus que le cinéma lui-même, ce sont les conditions de sa projection et de sa réception publiques. Ce qui change au regard de 1895, ce sont les sites du cinéma ; ce qui tremble sur sa base, c'est la salle. Et cela, on peut le déplorer, on peut aussi en espérer les conditions d'un renouveau.

Toujours dans le même numéro 50 de *Trafic*, un texte de Jonathan Rosenbaum, précisément titré : « Adieu cinéma, bonjour cinéphilie », relate une des formes du cinéma qui vient. Soit le site internet d'un organisme appelé ELF, et dont je relaye à mon tour l'adresse (tiens, une nouvelle forme aussi de « l'adresse »...) www.extreme-lowfrequency.com, mené par le cinéaste Travis Wilkerson et dont l'ambition est de diffuser nombre de films essentiels, contemporains et peu vus, « dans des salles de cinéma, chez des particuliers ou dans des écoles ». S'en suit un Manifeste dont, après Rosenbaum, je cite seulement quelques courts extraits :

« Le cinéma (...) n'appréhende pas honnêtement notre réalité et ne nous aide pas non plus à imaginer un avenir différent. (...) La démarche d'Extreme Low Frequency (ELF) est une action corrective qui constitue en toute conscience une ciné-rébellion. (...) Pour atteindre ses objectifs, le nouveau cinéma doit devenir permanent. (...) Le nouveau cinéma ne s'intéresse pas aux débats technologiques, et en particulier aux antagonismes entre analogique et numérique. Il recourt sans préjugés à tous les outils dont il peut disposer. (...) Le nouveau cinéma s'efforcera de rendre la culture populaire aux gens eux-mêmes. (...) Et par-dessus tout, tout en étudiant l'ancien, il faut créer le nouveau. »

Ce qui frappe ici, par-delà la radicalité qui renoue avec d'autres époques de l'histoire du cinéma, c'est de découvrir rien moins que la forme moderne du « cinéma à vapeur ». Et si une période aussi vitale que l'origine semble finie, éteinte, en fait elle irrigue par mille canaux visibles et invisibles une relève incessante, même minoritaire, diffractée aussi, qui témoigne en retour de la vivacité de la source. Autrement dit, impossible de fermer la parenthèse. Le cinéma est increvable en tant qu'il mue. En tant aussi qu'il se déplace. L'invention des frères Lumière en son essence, cette part vive qui importe tant à Labarthe (et nous avec lui), est une énergie qui migre et voyage sur la carte du monde. Tantôt certains la retrouvent en Argentine, les mêmes ou d'autres à Hong-Kong ou ailleurs, demain et déjà aujourd'hui en Chine continentale. Et si, comme dit Labarthe, « à chaque seconde, le cinéma naît et meurt », alors sa résurrection est permanente, elle est contenue dans ce battement, dans ce qu'il recèle d'immédiatement réversible. Au cœur du pire, n'y a t-il pas dans le dernier Godard une note d'espoir comme il n'en avait pas résonné dans son cinéma depuis longtemps ? Alors, il y aurait un avenir pour le cinéma après *Les enfants jouent à la Russie* et les *Histoire(s)* ? Oui, bien sûr. Le cinéma survit aux cataclysmes, il s'en nourrit.

À moins… À moins qu'il ne faille pas prendre l'apocalypse labarthienne au pied de la lettre ; à moins que cette pensée de la fin de l'histoire (du cinéma) ne lui vienne aussi en droite ligne de la façon « ouverte » dont Bataille envisageait la fin de l'Histoire et ce qui de l'homme, malgré tout, survit et continue « sous la forme de l'érotisme, du rire, de la joie devant la mort » (Giorgio Agamben). Bataille, dans une lettre à Kojève, 6 décembre 1937 : « J'admets (comme une supposition vraisemblable) que dès maintenant, l'histoire est achevée (au dénouement près). Je me représente toutefois différemment les choses. (…) Si l'action (le "faire") est – comme dit Hegel – la négativité, la question se pose alors de savoir si la négativité de qui n'a "plus rien à faire" disparaît ou subsiste à l'état de "négativité sans emploi" : personnellement, je ne puis décider que dans un sens, étant moi-même exactement cette "négativité sans emploi" (je ne pourrais me définir de façon plus précise). Je veux bien que Hegel ait prévu cette possibilité : du moins ne l'a-t-il pas située à *l'issue* des processus qu'il a décrits. J'imagine que ma vie – ou son avortement, mieux encore, la blessure ouverte qu'est ma vie –, à elle seule constitue la réfutation du système fermé de Hegel [4]. » Alors, j'imagine pour ma part qu'à la suite de Bataille et du titre de son recueil, *Du premier cri…*, bataillien en diable, la pensée terminale de Labarthe doit être comprise comme un : « je demeure », tant lui-même qu'une forme de l'histoire, expression somme toute heureuse d'une « négativité sans emploi » qui continue à donner une suite à la fin, une suite jusqu'au dernier râle.

Bernard Benoliel

| [1] ASL, *À corps perdu, évidemment*, LimeLight-Les Éditions Ciné-fils, 1997. | [2] Lire à ce propos sa lettre à l'éditeur dvd « Criterion », titrée « Criterion et le mépris », *Cahiers du cinéma*, n° 585, décembre 2003. | [3] ASL, à propos des Lumière, « L'espace, le temps, le hasard, le noir, la neige », *Cahiers du cinéma*, n° 489, mars 1995. | [4] Citée par G. Agamben, in *l'Ouvert – De l'homme et de l'animal*, Payot & Rivages, 2002.

Sommaire des numéros précédents

Bulletin d'abonnement à *Cinéma*

Je désire souscrire un abonnement à la revue *Cinéma*

❑ de 2 numéros pour la France (et DOM TOM) 35 €
❑ de 2 numéros pour l'étranger 40 €
❑ de 4 numéros pour la France (et DOM TOM) 70 €
❑ de 4 numéros pour l'étranger 80 €
(Frais d'expédition inclus)

Cet abonnement doit prendre effet à compter du numéro ....
Règlement ci-joint à l'ordre des Éditions Léo Scheer
CCP / Chèque bancaire / Mandat international

Nom et prénom ....

....

....

Adresse ....

....

....

Code postal ....

Ville ....

Pays ....

à retourner à
Cinéma – Éditions Léo Scheer,
14/16, rue de Verneuil – 75007 Paris

Crédits photographiques
Serafino Amato : 23
British Film Institute : 29
Cinémathèque française (DR) : 29, 30, 39, 56, 57, 66, 67, 78, 79, 85, 118 (haut, milieu gauche et droite).
Emmanuelle Démoris, Jean-Pierre Beauviala : 8.
Jonas Mekas : 142.
Collections privées (DR) pour tous les autres documents.

Remerciements
Adriano Aprà, Stefania Parigi, Holly Aylett et Gareth Evans (revue *Vertigo*, Londres), Jean Gruault, Jonas Mekas, Pip Chodorov, Aya Ito, Céline Chevalier et Nadia Refsi (Arte/La Lucarne), Noella Castaman (Infinity Festival, Festival d'Alba), Nicole Favre et Gabriela Bussmann (Visions du Réel, Festival de Nyon), David le Simple, Rodolphe Lussiana, Serafino Amato, Elisa Resegotti, Mathias Coulange (galerie du Jour agnès b.).

Photogravure, composition et impression
Imprimerie Vervinckt